A Cabala Prática

CHARLES FIELDING

A Cabala Prática

Tradução
DANIEL CAMARINHA DA SILVA
DULCE HELENA PIMENTEL DA SILVA

EDITORA PENSAMENTO
São Paulo

Título do original:
The Practical Qabalah

Publicado pela primeira vez por Samuel Weiser,
York Beach, ME, USA, como *The Practical Qabalah.*

Edição	O primeiro número à esquerda indica a edição, ou reedição, desta obra. A primeira dezena à direita indica o ano em que esta edição, ou reedição, foi publicada.	Ano
3-4-5-6-7-8-9-10-11-12-13		01-02-03-04-05-06-07-08

Direitos de tradução para a língua portuguesa
adquiridos com exclusividade pela
EDITORA PENSAMENTO-CULTRIX LTDA.
Rua Dr. Mário Vicente, 368 – 04270-000 – São Paulo, SP
Fone: 272-1399 – Fax: 272-4770
E-mail: pensamento@cultrix.com.br
http://www.pensamento-cultrix.com.br
que se reserva a propriedade literária desta tradução.

Impresso em nossas oficinas gráficas.

Sumário

Agradecimento

Alguns elementos deste livro basearam-se no trabalho de Dion Fortune e do grupo por ela fundado, a Sociedade da Luz Interior. O autor agradece reconhecido a ajuda e inspiração que essas fontes lhe proporcionaram.

Prefácio

Quando, há muito tempo, me interessei pela primeira vez pelas ciências ocultas, meu primeiro impulso foi ler tantos livros quanto possível. Não era coisa muito difícil; havia grande quantidade de livros e eu os li e tornei a ler com avidez, até que se tornassem familiares aos meus ouvidos. Eu pensava e sonhava com ocultismo e, provavelmente, me haja tornado um excelente exemplo do fanático de mente tacanha.

Após algum tempo, o senso comum e a desilusão devolveram-me até certo ponto o nível de sanidade. Eu ainda estava entusiasmado e excitado. Sentia ainda que, como os cavaleiros de antigamente, estava numa busca. Mas, como os seguidores de Artur, distantes da perfeição, fui aos poucos e arduamente ganhando sabedoria – não muita, mas era um começo.

Durante a minha educação ocultista, descobri que havia pouquíssimos livros úteis; a maioria servia tão-somente para ser queimada. Havia algumas admiráveis exceções, entre as quais os livros de Dion Fortune: *The Mystical Qabalah* (A Cabala Mística),* *The Training and Work of an Initiate* (Preparação e Trabalho do Iniciado),* *Sane Occultism* (Ocultismo Sadio), *The Esoteric Orders and Their Work* (As Ordens Esotéricas e seus Trabalhos)* e a abstrata e metafísica *Cosmic Doctrine* (A Doutrina Cósmica).* Sendo bastante jovem e muito ignorante, parecia-me que ali

* Publicado pela Editora Pensamento, São Paulo.

estava uma autora que conhecia de primeira mão o assunto, não por ouvir dizer, e os seus textos se tornaram para mim uma valiosa fonte de informações.

Havia também outros livros dos quais se falava com a respiração suspensa, não apenas por estarem há muito tempo esgotados e serem vendidos por preços inflacionados, mas por se acreditar que contivessem "os segredos ocultos". Essas obras impressionantes incluíam os quatro volumes de *The Golden Dawn** (A Aurora Dourada) e as obras de Aleister Crowley. As últimas ganharam uma reputação adicional graças à notoriedade deste autor, pois, como o próprio Crowley proclamava, ele era "o homem mais corrompido do mundo". Eu ansiava por esses frutos proibidos.

Com o passar do tempo, um número cada vez maior desses livros especiais foi reeditado e se tornou acessível. E imediatamente ficou evidente que, em todo este acervo, havia muito de interessante e algo útil, mas não "segredos".

A verdade é que os grandes segredos do ocultismo são obtidos através da experiência, não da leitura. Um "Mistério" é definido como "uma verdade que está além da razão", de modo que dificilmente pode ser registrado num livro. Para encontrar o Santo Graal, temos de fazer uma viagem; e não podemos cavalgar uma poltrona!

Os livros de Dion Fortune prendem a atenção porque a postura deles é prática. Lendo-os, participamos de uma experiência, em vez de simplesmente adquirirmos conhecimentos. No entanto, apesar do seu grande valor, tais obras têm hoje mais de meio século, e o conteúdo da *Aurora Dourada*, quase um século.

Os tempos mudaram e o mesmo aconteceu com as atitudes. Muita coisa que antes era "oculta" é hoje conhecimento comum e as informações que outrora se restringiam às Lojas hoje podem ser discutidas.

O propósito deste livro, e dos volumes que o acompanham, é divulgar tanto quanto possível da Tradição Esotérica Ocidental que possa ser devidamente utilizada no mundo moderno e indicar um caminho pelo qual possa ser tentada a busca pessoal do Graal. A Cabala é um desses caminhos; é um sistema eminentemente prático para o ocidental moderno.

* *The Golden Dawn* (Chicaco: Aries Press, 1936-1940).

Algumas pessoas são "solitários" inatos, enquanto outras preferem trabalhar em grupos organizados. Espero que este livro, e outros que seguirão, sejam úteis a ambas. Finalmente, dizem que os livros falam ao inconsciente e elevam o pensamento à mesma fonte que originalmente os inspirou. Espero que este livro satisfaça essas exigências.

Que a sua busca seja uma aventura tão excitante quanto foi a minha.

Capítulo 1

Fundamentos do Ocultismo Ocidental

Este é um livro sobre ocultismo. Foi escrito para pessoas medianamente inteligentes, que são bastante interessadas em descobrir mais sobre ele. A palavra "oculto" quer dizer "escondido"; apenas isto. O assunto, no entanto, tem sido tão malcompreendido e deturpado pelos filmes do final da noite, pela superstição e pela imprensa sensacionalista que com freqüência é condenado como refugo espetaculoso. Homens e mulheres de todas as raças estudaram este assunto, visto que a história mais antiga e os rumores dizem que muitas das mais eminentes pessoas do mundo fizeram desse assunto o objeto de estudo de suas vidas e devem à prática dele a própria grandeza.

O estudo da Cabala e do seu grande símbolo, a Árvore da Vida, talvez seja um dos melhores meios de nos iniciarmos na teoria e prática do ocultismo. Para apreciar devidamente as teorias e os métodos cabalísticos, é importante considerá-los em confronto com um substrato realista. Que pensam os modernos cabalistas? Por que devotam tempo e atenção a um assunto já vetusto quando Jesus nasceu? Que estão tentando conseguir?

Todas estas são perguntas muito razoáveis. Desse modo, antes de começar a considerar a própria Cabala, devemos examinar as idéias básicas do moderno ocultismo no mundo ocidental. Nem todo ocultista endossaria todas as idéias aqui expostas. Do mesmo modo que, na ciência moderna, há diferenças de interpretação e discordâncias em relação a detalhes. O que vem a seguir é uma sinopse razoável do pensamento ocultista em voga.

Houve um tempo, como dizem os livros de histórias, em que todo o conhecimento da humanidade e do mundo em que vivemos era estudado sob a égide da disciplina da filosofia, que quer dizer "amor à sabedoria". A física e a psicologia caminhavam lado a lado com a química, a metafísica e a ética, porque todos estes temas eram tidos como partes de um só grande sistema.

Com o tempo, alguns tópicos – notadamente a física e a química – se destacaram do seu pai filosófico e desenvolveram a arrogante independência do adolescente. Até mesmo a psicologia renunciou às suas origens e declarou uma independência unilateral.

De todo este desenvolvimento surgiu a civilização tecnológica ocidental e resultaram muitos dos nossos hábitos sociais e princípios morais. Apesar dos seus detratores, a ciência ocidental é um extraordinário tributo à criatividade humana. Mas estamos começando a perceber que a nossa civilização é um sistema muito desequilibrado e que se deve buscar uma concepção fundamental de propósito e unidade, se não se quiser destruir a civilização.

As grandes civilizações do Oriente não conseguiram nada melhor. O Ocidente produziu um ambiente tecnologicamente avançado, porém emocional e espiritualmente estéril, ao mesmo tempo em que o grande desenvolvimento filosófico e psico-espiritual do Oriente definha hoje na pobreza, na ignorância e na miséria. Algo, sem dúvida, deve estar errado em alguma parte.

Mas há lampejos de luz despontando nas trevas. A ciência moderna está dando mostras de que se aproxima da idade adulta. O universo de Einstein e os físicos do átomo estão distantes dos mecanismos irracionais da ciência vitoriana. A física está se tornando rapidamente uma ciência da vida, e as divisões entre espírito e matéria estão sendo desgastadas lenta mas seguramente. Assim, o que tem o ocultismo a ver com tudo isso?

Corretamente compreendido, o ocultismo é o estudo do espírito e da matéria, de Deus e da humanidade, das origens e do destino. É a verdadeira Ciência da Vida.

Quais são então os princípios fundamentais da convicção ocultista? A primeira coisa a compreender é que o ocultismo não tem nenhum credo: não há nenhum "eu creio..." Em vez disso, como na ciência, existe certo número de hipóteses. Ora, uma hipótese é uma idéia que parece ser eficaz quando posta em prática, mas que pode ser modificada com a ajuda da experiência posterior. O ocultismo é a Ciência da Vida. A vida evolui e, com ela, a experiência. Tendo, portanto, tornado claro que não há nenhum dogma no ocultismo, examinemos algumas dessas idéias básicas e vejamos como nos prendem a atenção.

Em primeiro lugar, os ocultistas julgam que há uma realidade invisível por trás do que vemos e experimentamos, no mundo físico, e que essa realidade é a causa oculta por trás de todos os fenômenos do mundo à nossa volta. Isto parece bastante razoável, quando se considera que a ciência afirma a mesma coisa. Afinal de contas, a gravidade é, de certo modo, uma "realidade invisível". Não podemos vê-la, mas ela atua. A única diferença, neste ponto, entre cientistas e ocultistas, é que os últimos ampliam a hipótese além do mundo tangível.

A hipótese seguinte tem relação com o propósito: "Qual é o significado de tudo isso?" Em certa época, muitos cientistas consideravam o universo um acidente cósmico e a vida um acaso bioquímico bem-sucedido. Recentemente, alguns deles parecem estar mudando de opinião.

Os ocultistas julgam que nada existe sem um propósito. Eles argumentam que deve haver um plano superior para a criação e evolução do universo, que abrange as galáxias e os sistemas solares, os sóis e os planetas, os átomos, as plantas, os animais *e* a humanidade. Dentro deste plano superior estão os incontáveis planos secundários de toda a criação, cada qual entrelaçado e inter-relacionado num todo orgânico. Eles sugerem que nós – como uma forma de vida inteligente dotada do poder de escolha – temos uma tarefa fundamental a desempenhar no desenvolvimento ininterrupto do plano superior.

Quanto a que imenso mecanismo poderia abranger e administrar este plano, cada um deve fazer a sua própria opção. Se for religiosa, pode-se conceber Deus como a origem e agente motor. Se for agnóstica, poder-se-ia preferir imaginar algum enorme "sistema" cósmico. Afinal de contas, estamos apenas utilizando palavras e é a idéia que importa.

Resultante do plano vem a idéia da evolução universal, na qual passamos de um estado simples e não coordenado para uma condição extraordinária de perfeição harmoniosa e muito desenvolvida, tendo cada elemento do plano expandido o seu próprio plano secundário até a mais elevada qualidade que a sua estrutura permite.

Ora, somos considerados, na nossa natureza essencial, núcleos de energia inteligente. Como tal, somos por direito criadores automotivadores, eternos e indestrutíveis. Uma das pedras fundamentais do pensamento ocultista é a proposição de que o ser humano não tem que viver apenas através de um corpo físico e que o nosso envolvimento com a matéria é simplesmente uma das muitas fases pelas quais passamos em nossa evolução. Contudo, trabalhar por meio de um corpo é considerado um aspecto fundamental da nossa educação, por nos ensinar o controle da matéria densa – uma condição muito distante da nossa condição natural de liberdade.

Ora, isto chama a atenção para a idéia da reencarnação. A reencarnação é a noção de que passamos por muitos corpos durante o aprendizado sobre a matéria densa do mundo físico. Um curto período de setenta ou oitenta anos não é, de modo algum, suficiente para aprender todas as lições e corrigir todos os erros. A idéia da reencarnação é um grande liberador. Em vez de uma só vida, vencida ou perdida, a idéia de reencarnação nos oferece a oportunidade de aprender com os erros e avançar com o estímulo de novos desafios a enfrentar e a perspectiva de novas conquistas.

Quando a idéia da reencarnação é aceita como um fato prático e se compreende que há constantemente mais vida futura e novas oportunidades a explorar, então onde está o tormento da morte? Os ocultistas sempre sustentaram que a nossa primeira vitória reside na superação desse medo. Nisto está a primeira grande liberdade.

Os ocultistas acentuam muito a questão da responsabilidade pessoal. Se a idéia de evolução permanente é aceita, a raça e as circunstâncias não são então simples acidentes de nascimento. A nacionalidade, a condição de saúde, o dinheiro que se tem e as características de personalidade em cada vida nova são o resultado de sucessos e fracassos passados.

As circunstâncias da vida, em qualquer momento do tempo, oferecem o ambiente perfeito para a próxima lição na experiência física. E, se essa idéia é aceita em confiança, segue-se que somos totalmente responsáveis pelas circunstâncias em que nos encontramos, não importando quão duro isso possa nos parecer.

"Como plantamos, assim também colheremos", "Faça o bem sem olhar a quem...", etc., são todas expressões baseadas nessa idéia. Na filosofia oriental, ela é chamada de karma, a lei de causa e efeito. No universo não há linhas retas. Todo pensamento ou ação retorna por fim ao seu ponto de origem, como um bumerangue.

Em última análise, a pessoa interior completa o seu período na matéria física, tendo aprendido todas as suas lições. A evolução, no entanto, prossegue e a experiência física é apenas uma pequena parte dela. Que acontece, então, a alguém que está "livre da roda do nascimento e da morte"? Bem! temos um livre-arbítrio; podemos, portanto, optar. Dizem que há duas opções fundamentais: continuar ou permanecer.

Alguns podem preferir continuar sua experiência em níveis não-físicos, afastando-se dos colegas estudantes que ainda estão na sala de aula da matéria. Outros podem decidir permanecer próximos do mundo físico para ajudar. Os ocultistas dão a esses auxiliares da humanidade o nome de "Iniciados do Plano Interior", e acreditam que eles optaram por orientar e instruir os companheiros menos evoluídos da Terra.

Isto certamente deve suscitar outra pergunta. Como pode um ser desprovido de corpo "orientar e instruir" alguém que ainda está na carne? Como pode a comunicação se estabelecer? Bem, se podemos admitir que há para nós mais do que simplesmente o corpo, segue-se então que uma parte de nós deve ser não-física. Se é assim, então é razoável supor que a parte não-física é capaz de atuar no mundo invisível que existe por trás da matéria física, do mesmo modo que o corpo físico atua no mundo comum. A idéia, desse modo, é a de que o Iniciado do Plano Interior fala à nossa parte não-física e a mensagem é passada ao cérebro e se torna um pensamento consciente. Basicamente, pode-se considerar uma ligação telepática entre um ser desencarnado e um ser encarnado.

São estes os fundamentos do sistema de pensamento ocultista ocidental. Alguns conceitos que mencionei podem ser aceitos imediatamente como verdadeiros, outros poderiam ser considerados como "não-provados". Se o que o ocultismo diz é verdade, então não importa, porque ao acompanhar o sistema você finalmente descobrirá por si mesmo. A experiência direta é o único caminho.

Agora você poderá fazer uma de três coisas: poderá jogar fora este livro com aversão; poderá continuar a lê-lo como estímulo intelectual; ou poderá prosseguir a sua leitura, decidido a adquirir conhecimento bastante para pôr à prova essas idéias. Você tem livre-arbítrio – a escolha é sua.

Capítulo 2

Uma Introdução à Cabala

Você está buscando a realidade invisível. Todos os leitores deste livro estão, de um modo ou outro, buscando a realidade invisível de que tratamos no capítulo anterior. É sobre isto que este livro foi escrito. Mas há algumas dificuldades. Não é fácil usar a linguagem do dia-a-dia para falar de coisas que são supostamente reais, embora de certo modo invisíveis! Às vezes as palavras são inúteis.

A Tradição Ocultista Ocidental visa fazer a realidade invisível descer à Terra, estabelecê-la e (finalmente!) instaurar o reino dos céus na Terra. Para realizar esta dificílima tarefa, precisamos ser capazes de atentar para idéias que, na vida diária, são inconcebíveis.

Signos, Símbolos e Glifos

Considere, por um momento, os seus pensamentos e idéias comuns. Os pensamentos diários são expressos, com mais freqüência, em palavras. De fato, em muitas pessoas, um pensamento pode se tornar consciente como "palavras na cabeça". Um pensamento como "preciso cortar o cabelo" surge muitas vezes como palavras mentais. Outros pensamentos podem vir à mente como uma mescla de palavras e imagens. Os pensamentos de coloração emocional trazem muitas vezes consigo uma imagem. A maior parte do nosso pensamento, na sociedade ocidental, é uma operação verbal.

As idéias são um tanto diferentes. É verdade que as pessoas mais "intelectuais" do que "emocionais" freqüentemente revestem idéias com palavras; mas muitas vezes as idéias são mais pictóricas e se associam a sentimentos. Às vezes as palavras podem ser tediosas e canhestras, e muitas vezes utilizamos *signos* para expressar idéias comuns. Um exemplo palpável disso são os sinais rodoviários, em que um simples desenho, um "ideograma", pode substituir com vantagem as palavras. Neste livro, usaremos a palavra "signo", do mesmo modo como poderiam fazer muitos psicólogos, significando *uma substituição da coisa real ou uma representação dela*. Outros exemplos de sinais são o emblema de "restaurante", que consiste numa faca e num garfo dentro de um círculo; um cigarro acesso dentro de um círculo com uma barra atravessada, significa que é proibido fumar. Há, naturalmente, muitos outros, como o sinal de radioatividade, internacionalmente adotado.

Às vezes usam-se *sinais compostos* – um grupo de sinais dispostos para mostrar uma série de relações ou o fluxo de dados no interior de algum sistema. Os diagramas de circuitos da eletrônica e os fluxogramas utilizados pelos programadores de computador são exemplos disso. Os

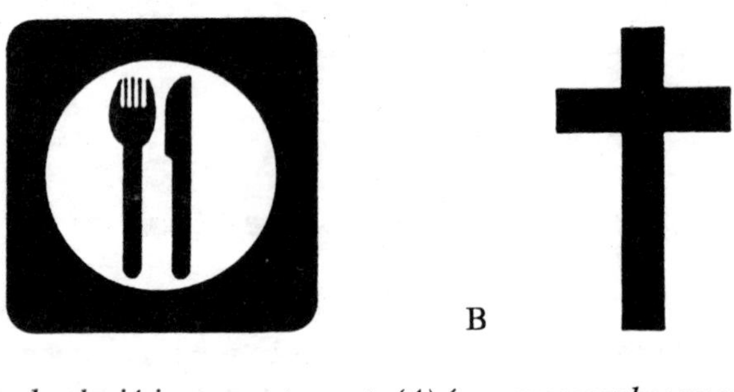

A B

Figura 1. O sinal rodoviário para restaurante (A) é um que reconhecemos seja qual for a língua que falemos. Os sinais e símbolos ocultos (B, a Cruz de Cristo) nos falam da mesma maneira.

sinais, simples ou compostos, são representações taquigráficas de pensamentos, objetos ou processos, como é mostrado na figura 1A. Não existe neles nenhuma emoção.

Voltemos às palavras. Elas são sinais porque representam pensamentos e coisas. Idéias bem complexas podem ser representadas por palavras. No entanto, as palavras também podem ser usadas para ajustar o estado de alma do leitor através da descrição de imagens mentais, embora mesmo em mãos experientes elas muitas vezes sejam inteiramente insuficientes. Os poetas são mestres no uso das palavras para pintar a imagem de alguma coisa, mas é a *imagem* que retrata o sentido da coisa, com as emoções e sentimentos concomitantes. Quanto mais talentoso for o poeta, maior será o efeito da imagem-palavra. Há ainda, no entanto, um limite para o que pode ser alcançado exclusivamente pelas palavras.

Consideremos as *imagens* – as figuras deixadas na memória, quando as palavras do poeta desapareceram. O tipo de imagem que estamos descrevendo não é um sinal; não é simplesmente uma taquigrafia para representar algo comum. É antes um *símbolo*, um ideograma que expressa algum estado de espírito ou processo que não pode ser posto adequadamente em palavras. De fato, isto nos dá a nossa definição de símbolo: *uma imagem que retrata algo que não poderia ser adequadamente descrito de outra maneira*. Os sinais são, na sua essência, objetos mentais. Os símbolos têm que ver com sentimentos num ou noutro nível. Os sinais são produtos artificiais da mente lógica recém-adquirida; os símbolos, por outro lado, invocam as profundezas, as grandes e fundamentais simplicidades em que a humanidade se baseia. Os sinais são conscientes, os símbolos pertencem ao inconsciente. O caminho para a supraconsciência passa pelo inconsciente; por isso, os símbolos são as ferramentas do ocultista.

Tente fazer uma imagem mental da Cruz de Cristo (veja a figura 1B). Mesmo para um ateu, ela suscita toda a concepção de cristianismo, em especial a morte sacrificial do seu fundador. Para o devoto cristão, suas associações são praticamente ilimitadas – desde a idéia mística do sacrifício vicário às mais elevadas emoções de devoção, idealismo, piedade, etc. É claro que, para o ateu, a cruz também pode despertar fortes sentimentos de irritação e aborrecimento diante da evidente futilidade de tudo isto! Uma coisa, porém, é certa: *sentimentos* serão despertados. É provável que todos reajam emocionalmente de alguma forma e até certo ponto.

Os símbolos têm graus de profundidade e universalidade. Os seres humanos são muito diferentes e um dado símbolo pode significar muito para uns e pouco para outros, do mesmo modo que a música e a pintura prendem a atenção de uns e enfadam outros. Quanto mais arquetípico for o símbolo, mais universal será o seu poder e atrativo. Os símbolos podem expressar aspectos da alma ou o universo; o "interior" ou o "exterior". Se os físicos modernos tivessem a palavra, provavelmente diriam que interior e exterior são a mesma coisa vista de diferentes ângulos.

Os ocultistas usam largamente os símbolos para representar o incompreensível, para compreender o inconcebível e controlar o inimaginável. Somos criaturas que se servem de ferramentas e usam símbolos como ferramentas para poder compreender a natureza da realidade invisível e operar com ela, tanto dentro de nós mesmos quanto dentro da alma da natureza. A maioria dos símbolos utilizados no ocultismo ocidental é arquetípica. Muitos são bem antigos; alguns remontam à época mais distante da nossa organização neste planeta.

Se o ser humano for considerado quadruplamente, como espírito, intelecto, emoções e corpo, haverá então categorias de símbolos adaptadas a cada nível. Os símbolos mais simples e abstratos são *geométricos*: o ponto, a linha, o círculo, o polígono, etc. O nível imediato, denominado às vezes *símbolos compostos*, abrange imagens como a cruz, o "ankh" (símbolo da vida para os egípcios), a estrela de Davi e o pentagrama (símbolo de Salomão). O terceiro nível, caracterizado pelas imagens humanas ou de animais, pode ser chamado de *personalizado*. As "Quatro Sagradas Criaturas Vivas", de Ezequiel – o homem, o leão, a águia e o touro – entram nesta categoria, assim como as formas antropóides do arcanjo, Maria mãe de Deus, Jesus como o Salvador crucificado e Cristo o rei. Talvez você possa se lembrar de muitos mais. O quarto nível não é constituído de símbolos singulares, mas de imagens especialmente escolhidas e ligadas entre si como uma corrente. Na prática, este *conjunto simbólico dinâmico* é organizado como um trajeto visual dentro do qual "passamos" de um estado de consciência para outro. Esses trajetos interiores são chamados pelo cabalista moderno vias de trabalho; trataremos delas, com mais detalhes, posteriormente.

Se considerarmos os quatro níveis de símbolos que descrevemos, veremos que representam níveis crescentes de complexidade, como os quatro níveis da humanidade. Compreenderemos que os símbolos *geométricos* dirigem-se ao nível mais abstrato – o espírito ou a primeira causa no universo. Um ponto tem localização mas nenhuma dimensão. Uma linha é um ponto prolongado, um ponto que avança na direção do infinito. Um círculo é uma linha que retorna ao ponto de partida, uma espécie de trajetória sem fim, formando um recinto onde o "espaço" é limitado. Os polígonos – quadrados, triângulos, hexágonos, etc. – representam tipos especiais de recintos, cuja significação é determinada pelo número dos seus lados.

Os símbolos *compostos* expressam idéias mais complexas, como era de esperar. O pentagrama, por exemplo, ou estrela de cinco pontas, representa a relação especial entre os quatro elementos alquímicos (terra, ar, fogo e água) e a quinta condição – o éter – da qual eles se originaram. O pentagrama representa os nossos quatro níveis e a sua relação com o espírito. Este símbolo é usado muitas vezes no ocultismo cerimonial. Outra forma de estrela é o hexagrama, desta vez com seis pontas. Ele é composto de dois triângulos entrelaçados, um apontando para cima, o outro para baixo. O primeiro representa a matéria que aspira "ascender" ao espírito; o segundo, os princípios espirituais que "descem" em direção à matéria. Em conjunto, este símbolo retrata a perfeição; no primeiro caso, Deus no Homem, no segundo, o reino dos céus na Terra. Como veremos, os símbolos compostos fazem parte do nível do intelecto.

Os símbolos *personalizados* – o terceiro nível – dirigem-se principalmente às nossas partes emocionais ou sentimentos, ou aos níveis equivalentes da energia no universo. Podemos reconhecê-los pela sua forma humana ou animal. Enquanto os dois primeiros tipos de símbolos representavam, respectivamente, princípios e idéias, esta terceira categoria expressa a experiência essencialmente *humana*, encontrada normalmente como sentimentos e emoções. Neste caso, é o coração que fala, não a cabeça. Considere, por um momento, a deleitosa deusa grega Afrodite, a jovem dos sonhos de todo rapaz, ou o herói bonitão, Hércules, mal saído do seu mais recente episódio de bom rapaz. Pense (ou melhor, sinta) no soberbo titã Hélios guiando o carro do Sol pelo céu azul, ou em Maria, mãe de Jesus, vestida de azul, ou no Hórus egípcio, o Falcão da Manhã. Sem dúvida, uma ou mais dessas imagens evocam sentimentos de um ou outro tipo. São todas típicas dessa classe de símbolos.

Creio que dissemos o suficiente sobre os símbolos para deixar claro que eles interessam ao eu interior – ao espírito, à mente superior e às emoções – de um modo que as palavras jamais poderiam conseguir. Os símbolos representam verdades eternas. Essas verdades antigas são realidades que existem na alma, muitas vezes enterradas profundamente nos ocidentais de hoje, que se esqueceram de onde vieram, para onde estão indo e quem são os seus antepassados.

Quando estudamos os sinais, aludimos aos sinais compostos – diagramas que representam fluxos, processos e relações. Do mesmo modo, os símbolos podem ser agrupados para formar *símbolos compostos*, chamados por vezes *glifos*. Os glifos podem assumir várias formas e ter muitos usos. Os glifos compreendem alfabetos inteiros de imagens e podem ser considerados supersímbolos.

De todos os glifos utilizados no ocultismo ocidental, o exemplo supremo é a Árvore da Vida da Cabala, chamada *Otz Chiim* em hebraico. Este diagrama de dez círculos e vinte e duas linhas interligadas serve de base a toda uma biblioteca de símbolos, desde as formas geométricas simples até as complexas formas personalizadas. Este glifo é a base do ritual mágico e das suas práticas mágicas. É a chave da filosofia, da anatomia e da fisiologia ocultista do Ocidente. É *o* grande glifo da alma da humanidade e da natureza. O simbolismo contido na Árvore da Vida compensará uma vida de estudos.

Símbolos Cabalísticos

A Árvore da Vida é o glifo fundamental da Tradição Ocultista Ocidental e foi utilizada para meditação e trabalho oculto prático durante inúmeros anos. Muitos dos seus símbolos são arquetípicos, o que significa que têm sentido profundo para os homens de todas as raças e credos. Eles encarnam experiências humanas fundamentais, como "masculinidade", "feminilidade", "maternidade", etc. Centenas de estudiosos do ocultismo que foram criados neste ocultismo e instruídos no seu uso prático, começam a viver, a agir e a pensar dentro desse sistema. Trabalhamos com ele todos os dias, meditando sobre ele e interpretando a vida do ponto de vista da sua estrutura. Isso traz ordem à vida interior; os sonhos e o "psiquismo" aparecerão em função do simbolismo da Árvore e, ao alcançarmos o estágio adequado de preparação, o trabalho ritual se baseará nele.

Para que a Cabala se torne parte de nossa vida, seu uso deve ser completamente automático, se quisermos alcançar o seu pleno proveito. Por isso, é uma excelente idéia tomar notas e traçar diagramas em todas as oportunidades. Desse modo, o sistema se torna parte do nosso mundo interior.

Nos poucos capítulos seguintes, concentrar-nos-emos na Cabala e na sua Árvore da Vida, de modo que devemos dedicar um breve tempo pensando nas origens deste grande sistema. A palavra Cabala vem do hebraico *QBL*, *Cabal*, que significa *receber*. Assim, Cabala é "aquilo que foi recebido". Quanto ao lugar onde inicialmente teve origem, os velhos rabinos diziam que ela nos foi dada pelos anjos. Havia, sem dúvida, um segredo em torno do seu passado, segredo que pode ser responsável pelo fato de que, embora a maioria dos eruditos situe suas origens na Idade Média, a tradição ocultista sustenta ser a Cabala pré-histórica. As obras cabalistas surgiram, seguramente, nos tempos medievais, mas é possível que existisse uma tradição oral muito antes dessa época, transmitida "da boca para o ouvido" por gerações de mestres a seus discípulos. Alguns entendidos consideraram que as semelhanças entre o *Zend Avesta* zoroastriano e a Cabala indicam que os judeus podem ter recebido os princípios fundamentais do sistema da mesma fonte que Zoroastro. Não obstante, durante o exílio, Daniel era conhecido como Baltazar, o Grande Mago da Babilônia.

A maioria dos estudiosos modernos não está muito interessada em pesquisa acadêmica por si mesma; quer algo que possa ser utilizado hoje. A Cabala é um sistema vivo e se desenvolve com o uso, evoluindo, como devem evoluir todos os sistemas de conhecimento destinados a sobreviver. Os elementos cabalísticos são freqüentemente classificados dentro de quatro títulos:

1) Cabala prática, que trata da magia cerimonial;
2) Cabala dogmática, que compreende a literatura e o sistema;
3) Cabala literal, que trata das letras e dos seus valores numéricos;

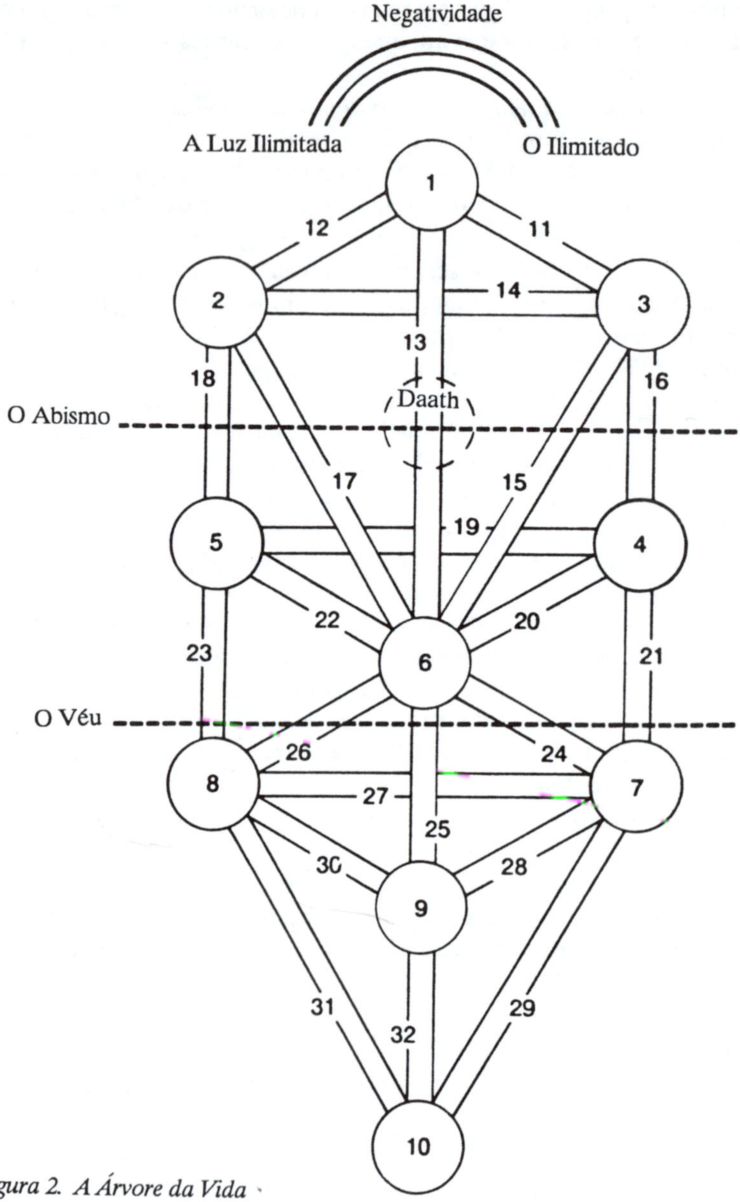

Figura 2. A Árvore da Vida

4) Cabala oral, que se ocupa com a atribuição dos símbolos às esferas da Árvore da Vida.

Destas quatro divisões, o ocultista ocidental praticante está interessado principalmente na Cabala prática e oral, embora seja feito algum trabalho com a numerologia, envolvendo as letras e palavras hebraicas, o que constitui parte da Cabala literal.

Os Triângulos na Árvore

Otz Chiim, a Árvore da Vida, é, na verdade, a Árvore do Conhecimento do Bem e do Mal. Ela é composta de dez círculos ou esferas chamadas *sephiroth*, que significa "emanações". A forma singular de *sephiroth* é *sephirah*. Estas sephiroth são dispostas em três triângulos, ficando o décimo círculo isolado embaixo, conforme é mostrado pela figura 2 na página anterior.

Os triângulos são ligados entre si por vinte e duas linhas ou *caminhos*, mas, por enquanto, ignoraremos os caminhos. Observe a figura 3A a seguir e guarde a sua forma geral bem clara em sua mente. Os círculos da figura 2 representam estágios no desenvolvimento das coisas – em especial a evolução do universo e da alma. Os círculos são numerados de 1 a 10 de acordo com a linha em ziguezague chamada *raio*, que às vezes é ligada ao diagrama da Árvore. Veja a figura 3B a seguir.

Se você se perguntar por que as esferas na Árvore não podem simplesmente ser dispostas em linha como uma série de contas, a razão é que a Árvore representa um conjunto de relações, não apenas uma seqüência de eventos.

Os Pilares

As dez esferas da Árvore podem ser consideradas como três linhas verticais ou *pilares*. Tal disposição apresenta os três grandes princípios

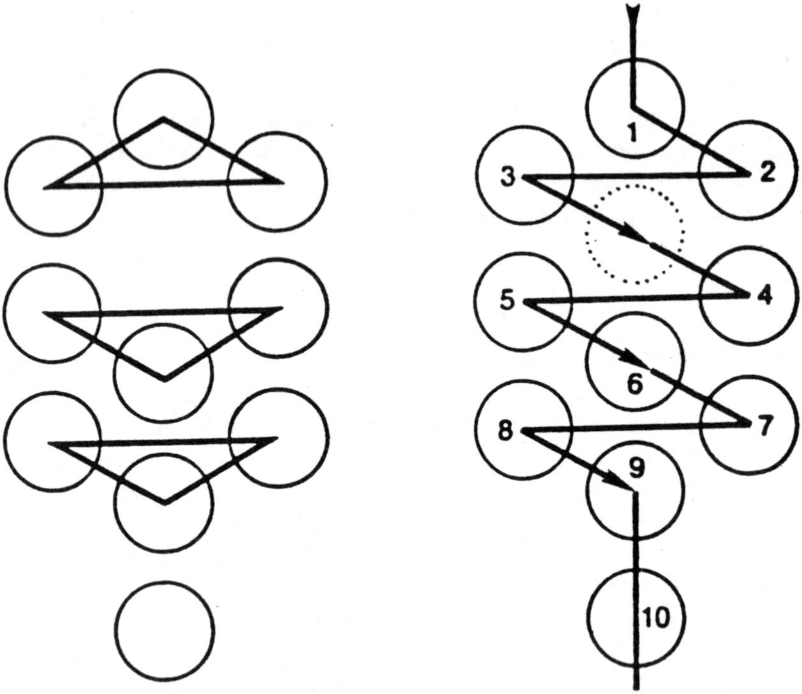

A B

Figura 3. Os Triângulos na Árvore são mostrados em (A), enquanto em (B) vemos o Raio

complementares de atividade, passividade e equilíbrio. Os pilares laterais representam sempre os complementares, enquanto o do meio retrata o estado de equilíbrio entre eles. Veja a figura 4.

O simbolismo do pilar, como todas as relações na Árvore, pode ser aplicado igualmente à humanidade ou ao universo. A significação das forças complementares da Árvore se tornará clara à medida que prosseguirmos a nossa investigação. Observaremos um círculo pontilhado entre os círculos um e seis; ele representa uma "sephirah invisível", chamada *Daath*, de que falaremos mais adiante. Na tradição cabalística,

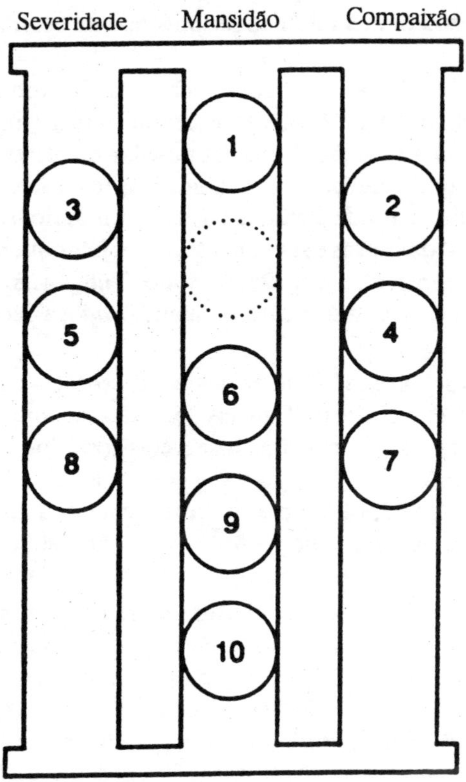

Figura 4. Os três pilares: severidade, compaixão e mansidão

os pilares muitas vezes eram chamados de *Severidade* (ativo), *Compaixão* (passivo) e *Mansidão* (equilíbrio).

As Letras Hebraicas

Dizem que um professor de hebraico numa universidade inglesa iniciou sua primeira preleção com as palavras: "Senhoras e senhores, esta é a língua que Deus falava." Talvez estivesse sendo um pouco exclusivista, mas tinha boa razão para isso. Uma considerável parte das sagradas escrituras da cultura ocidental foi indiscutivelmente escrita nessa língua antiga.

Há vinte e duas letras no alfabeto hebraico. São todas consoantes. Os sons vogais, ou "pontos", foram acrescentados posteriormente. Diz a lenda que, durante a Criação, Deus fez desfilar diante de Si as vinte e duas letras e "viu que eram boas". Recebida a aprovação divina, as letras foram consideradas sagradas, cada uma representando uma idéia e um som. A forma atual das letras é semelhante aos objetos que originalmente se supunha que representassem. Desse modo, *Shin*, a vigésima primeira letra, representa o dente da serpente, enquanto *Kaph*, a décima primeira, uma palmeira.

O hebraico sempre fascinou os ocultistas cristãos, por ser antigo e parecer estranho e misterioso. Os seus sons são incomuns e por vezes guturais, e sugerem coisas curiosas e secretas fora dos limites da vida humana comum. A esta altura, você pode estar se perguntando se precisará aprender o hebraico antes de compreender a Árvore e utilizá-la. A resposta é um simples "não". A Árvore é um sistema universal de relações. Pode ser expressa em qualquer língua e época.

Uma vez que a Árvore pode ser utilizada sem nenhum conhecimento de hebraico, por que então estamos fazendo digressões para levar em conta esta língua? Antes de tudo, porque as idéias cabalísticas foram originariamente expressas em hebraico e muitas obras subseqüentes, como os elementos da *Aurora Dourada*, basearam grande parte de suas teorias e práticas nas letras e seus significados. E, em segundo lugar, porque centenas de estudiosos do ocultismo, meditando e trabalhando sobre elas no ritual, tornaram o hebraico uma espécie de centro no inconsciente da Tradição Ocultista Ocidental. O moderno ocultista, assim diz a teoria, pode, através da reflexão sobre as letras, sintonizar com esse conjunto de idéias e experiências. Você deve tentar isso por si mesmo. Alguns acham isso proveitoso, outros não. No entanto, se deseja estudar a literatura da Cabala e a Árvore da Vida, é necessário um conhecimento básico de como as letras se ajustam à Árvore. Desse modo, iremos apresentando-as à medida que continuarmos o nosso estudo.

Como dissemos, há vinte e duas letras, todas consoantes. O hebraico não tem nenhum sinal para os números, de modo que se dá a cada letra um valor numérico. Os antigos rabinos usavam essa característica, desenvolvendo uma forma de numerologia chamada *gematria*. Se os valores das letras isoladas que compõem uma palavra são totalizados, a soma obtida pode ser comparada aos resultados ajustados a outras palavras. Todas as palavras com um total comum são consideradas como tendo uma afinidade especial. As próprias letras são utilizadas na Árvore de um modo que examinaremos mais tarde, de forma que, embora não sejamos obrigados a usá-las, vale a pena conhecê-las.

Os cabalistas dividem as letras em três grupos: *letras-mãe, letras duplas* e *letras simples*. Há três letras-mãe, sete duplas e doze simples. Porém, posteriormente, há uma quantidade maior. O quadro 1, adiante, oferece um resumo.

Este desvio da nossa explanação básica sobre a estrutura da Árvore foi necessário porque as letras e seus valores numéricos aparecerão daqui para diante.

A Árvore como um Todo

Até aqui estivemos considerando a Árvore como se fosse simplesmente dez círculos dispostos numa configuração. Esses círculos se dispõem em três triângulos mais um círculo embaixo. Podem também ser considerados como três pilares verticais. Há também outras configurações importantes, mas só terão maior significação quando tivermos considerado a Árvore como um todo.

Voltando à figura 2, você verá as dez sephiroth reunidas por vinte e duas linhas ou caminhos. Cada esfera é numerada como é mostrado no Raio (figura 3B) e também tem um nome hebraico. Os caminhos são numerados, começando por 11 (continuando a seqüência numérica das sephiroth) e terminando em 32 na base do glifo. O diagrama total forma os "32 Maravilhosos Sistemas de Sabedoria". As letras são ligadas aos caminhos, não às sephiroth. Aleph, a primeira letra, é atribuída ao primeiro caminho, número 11. O Tau, a última, é posta sobre o caminho final, o trigésimo segundo.

Dê uma olhada no diagrama da árvore e vá diretamente à numeração. Se desenhar a sua própria Árvore e fizer algumas cópias dela, poderá acrescentar outros símbolos, à medida que os estudarmos. Po-

Quadro I. As letras hebraicas

Letra	Pronúncia	Representação	Valor	Tipo
א	Aleph	Boi	1	Mãe
ב	Beth	Casa	2	Dupla
ג	Ghimel	Camelo	3	Dupla
ד	Daleth	Porta	4	Dupla
ה	Hê	Janela	5	Simples
ו	Vau	Unha	6	Simples
ז	Zain	Espada	7	Simples
ח	Cheth	Cerca	8	Simples
ט	Teth	Serpente	9	Simples
י	Iod	Mão	10	Simples
כך	Kaph	Palmeira	20 (500)	Dupla
ל	Lamed	Aguilhão de boi	30	Simples
מם	Mem	Água	40 (600)	Mãe
נן	Nun	Peixe	50 (700)	Simples
ס	Samekh	Coluna	60	Simples
ע	Kwain	Olho	70	Simples
פף	Pe (Phe)	Boca	80 (800)	Dupla
צץ	Tsade	Anzol	90 (900)	Simples
ק	Koph	Parte posterior da cabeça	100	Simples
ר	Resh	Cabeça	200	Dupla
שׁ	Shin	Dente	300	Mãe
ת	Tau	Cruz em forma de T	400	Dupla

deria, por exemplo, praticar escrevendo as letras hebraicas e copiando-as ao longo dos caminhos.

Agora, uma idéia importante. A Árvore é um símbolo *relativo*, não um símbolo absoluto. O glifo representa dez estados fundamentais e a *relação* entre eles. A primeira sephirah representa sempre o ponto de partida de algo – o estado inicial, o agente motor, a origem. A última, Malkuth, expressa a condição final – o resultado, o fim da matéria. As outras sephiroth indicam etapas entre o começo e o fim e a relação entre elas.

Usando a Árvore, escolhemos uma das sephiroth, geralmente a primeira ou a última, e a associamos a alguma idéia que estamos procurando compreender. Utilizamos então o restante do glifo para representar condições associadas. Suponhamos, por exemplo, que estamos buscando compreender a natureza interior da humanidade. Poderíamos associar a primeira sephirah ao mais elevado aspecto da humanidade, o agente motor, o espírito. A décima sephirah poderia então ser utilizada para representar o resultado final, a mais densa e complexa manifestação do Espírito – o corpo físico. As sephiroth intermediárias simbolizariam então o intelecto, as emoções e os instintos, as condições "entre" o primeiro e o último estado.

Ora, para tomar outro exemplo: considere Kether, a 1ª sephirah, como a causa primeira ou Deus. A última esfera, então, Malkuth, poderia expressar a criação de Deus, o universo. As sephiroth intermediárias poderiam ser consideradas então etapas e inter-relações da evolução.

Uma idéia pode ser associada a uma esfera intermediária. Ainda pensando no universo, o nosso próprio Sol – com todas as suas associações religiosas e mitológicas – poderia ser "ligado" à 6ª sephirah, Tipharet. Poder-se-ia então atribuir o planeta Terra a Malkuth, deixando que a primeira sephirah, Kether, simbolize a causa primeira (seja qual for que você considere).

Precisaremos de mais elementos para exemplos detalhados. Contudo, sabemos agora que o glifo não é absolutamente um conjunto rígido de símbolos com significados fixados para sempre. Temos, ao contrário, um instrumento filosófico, psicológico e mágico de grande versatilidade que, como qualquer ferramenta, temos de aprender a usar.

Os caminhos ainda não foram estudados pormenorizadamente. Por ora, basta considerar que as sephiroth representam forças, idéias ou condições, enquanto os caminhos representam etapas de mudança entre uma condição sefirótica e outra.

As Sephiroth

Cada uma das dez sephiroth recebe uma denominação. Veja o Quadro 2 para as definições e pronúncias comuns. Alguns desses nomes são cheios de significação e proporcionam pistas quanto à importância da esfera. Por exemplo, Kether, o nome da primeira sephirah, significa "a Coroa". As coroas são associadas a reis e rainhas; ficam no alto da cabeça e são mais altas do que a própria cabeça; e assim poderíamos prosseguir. Vale a pena despender agora alguns instantes e, em seguida, deixar que a sua cabeça se entretenha tranqüilamente com as idéias que as denominações sugerem. Seja como for, Malkuth, Netzach e Hod poderiam fazê-lo pensar, com seus títulos, no *reino*, no *poder* e na *glória*. Para nos acostumarmos às denominações sefiróticas, utilizá-las-emos, durante algum tempo, em vez dos números.

Lembre-se de que o melhor modo de aprender a respeito da Árvore é usando-a. Desenhe o glifo muitas vezes, tome notas sobre ele, medite a seu respeito e reflita sobre os seus símbolos. Utilizemo-lo agora como um diagrama representando o processo de descenso do universo até a matéria, desde a sua origem até a sua forma material. A seqüência obedece ao caminho do Raio (Veja figura 3B, na página 28).

Considere agora a figura 5. Descubra primeiro Kether na Árvore. Verá três faixas de radiação sobre ele. Elas recebem o nome de *os três véus*. A idéia é que Kether deve ter vindo de algum lugar, e os véus representam a condição anterior de onde Kether emergiu. O véu mais afastado é chamado *negatividade*, o seguinte, *o ilimitado*, e o mais próximo de Kether, *a luz sem limites*. Essas idéias serão examinadas na subdivisão do capítulo Cosmogonia.

Da luz ilimitada cristalizou-se o ponto primordial, Kether. Perfeito e independente, ele permanece na eternidade, foco de um círculo cujo centro está em toda parte e cuja circunsferência não está em parte alguma. Depois, obedecendo a algum mistério da sua natureza, ou um apelo do oceano ilimitado de luz negativa, que lhe deu origem, ele gerou

Quadro 2. Denominações sefiróticas

Sephirah	Denominação	Pronúncia	Definição
1	Kether	Ké-ther	A Coroa
2	Chokmah	Hok-má (*h* aspirado)	Sabedoria
3	Binah	Bi-ná	Compreensão
4	Chesed	Hess-ed	Compaixão (ou Majestade)
5	Geburah	Gebb-u-rá	Severidade (ou força)
6	Tipharet	Tif-a-ret	Beleza (ou Equilíbrio)
7	Netzach	Nett-zac	Vitória (ou Poder)
8	Hod	Hod (*o* fechado)	Glória
9	Yesod	Yess-od (*o* fechado)	A Base
10	Malkuth	Mal-kut	O Reino

o movimento. Com um fragor de silêncio, a energia ilimitada de Kether rompeu os limites e escapou para o vazio infinito. Esse incrível movimento de pura existência pode ser simbolizado por Chokmah.

A ação, porém, gera reação em qualquer sistema fechado; e este sistema, quase infinito em sua grandeza, está ainda limitado pela esfera de atenção do seu criador. Não há linhas retas no cosmo. As forças reativas transformam a linha reta numa curva e, finalmente, num círculo. A energia ilimitada de impulsão de Chokmah foi confinada, encerrada num círculo de sua própria criação. Como força incondicionada, ela se extinguiu; mas, ao extinguir-se, deu origem à primeira idéia de forma, um círculo fechado de energia, simbolizado na Árvore pela terceira sephirah, Binah.

Estas três primeiras sephiroth constituem um modelo de grande importância, um triângulo que é repetido nos níveis inferiores da Árvore. Os elementos deste protótipo são a *unidade* (Kether) e a *dualidade* (Chokmah - Força; Binah - Forma). A unidade (Kether) é um ponto; assim, tem posição, mas não dimensão. Deve adquirir "largura" e "altura" para manifestar-se. Da unidade dimensional zero do ponto em Kether proveio a linha unidimensional em Chokmah, que se torna, finalmente, o círculo bidimensional em Binah.

Estamos, sem dúvida, brincando com idéias e usando um bocado de imaginação. Mas o que importa, se, usando estes métodos na simples estrutura da Árvore, podemos ter percepções que, de outra forma, poderiam nos ter sido negadas? Se o universo é uma idéia na Inteligência de Deus, então nós, que somos criados à imagem e semelhança de Deus, podemos igualmente ir em frente e fazer o mesmo!

Pois bem! Voltando à Árvore como um glifo do universo, o importante grupo seguinte de sephiroth é Chesed-Geburah-Tipharet. Temos mais uma vez um triângulo, mas, desta vez, ele aponta para baixo. Novamente é a ação dos complementares – aqui Chesed e Geburah – que cria uma nova condição. Este triângulo, porém, é um reflexo do primeiro. Originalmente, da unidade resultou a dualidade. Agora os elementos da dualidade, Chesed e Geburah, se juntam e da sua união nasce a nova unidade de Tipharet. Há uma única realidade; tudo mais são imagens e reflexos.

Ora, este segundo triângulo acrescentou outra dimensão à simples condição do primeiro triângulo. O círculo converteu-se na esfera. Sendo

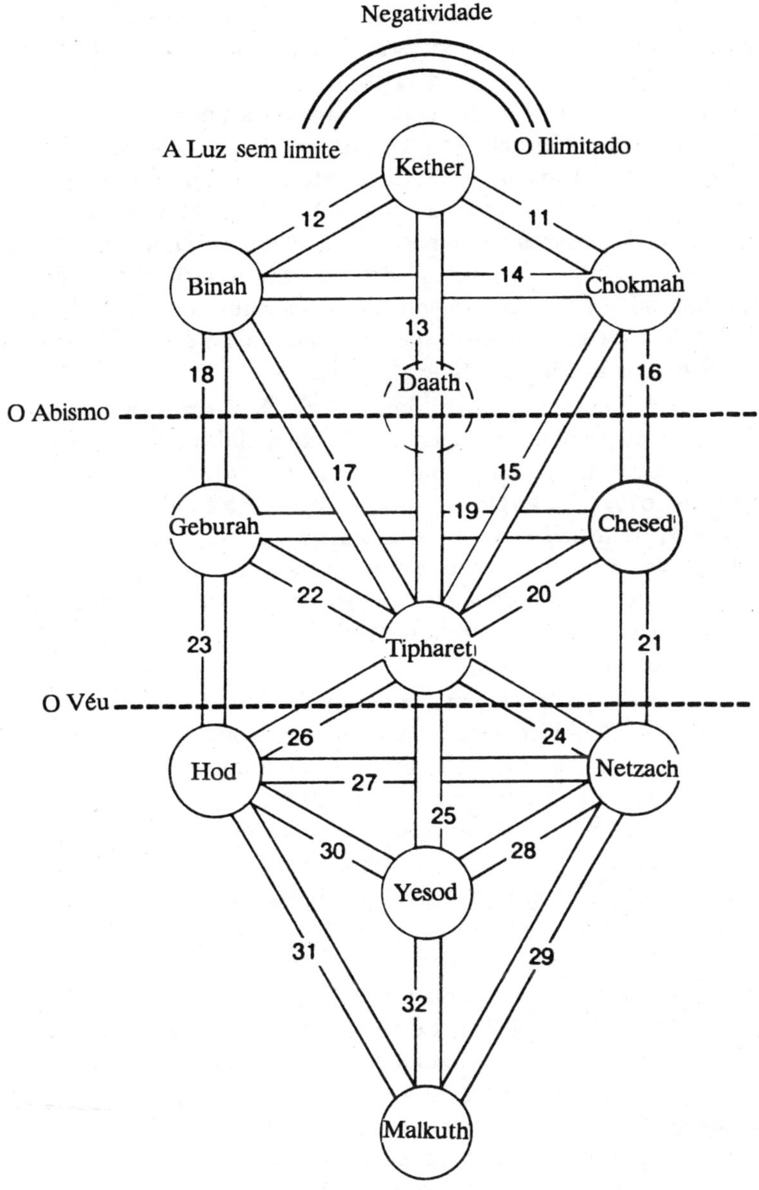

Figura 5. As Sephiroth na Árvore da Vida

um reflexo, as polaridades estão invertidas; Chesed contém a idéia de "forma", enquanto Geburah representa o dinamismo. Tipharet é o equilíbrio dos dois e encarna a essência da *fase* seguinte.

De novo o processo se repete, uma vez mais numa relação triangular, desta vez em Netzach-Hod-Yesod, um reflexo do modelo anterior. A polaridade é novamente invertida. Desta vez, o parceiro dinâmico é Netzach, enquanto Hod representa a "forma". Yesod é o produto da interação deles. Neste aspecto, Yesod é semelhante a Tipharet, mas num arco inferior. Uma vez mais, as fases de ação, reação e estabilidade resultaram num novo desenvolvimento. A estrutura de forças e forma sutil foi revestida de uma espécie de "pré-matéria". A evolução alcançou o que os ocultistas chamariam de plano astral.

Da harmonia de Tipharet surgiu Netzach, força elemental pura. Assim como no primeiro triângulo, a força compelida dá origem à forma. Em termos ocultistas, Hod é o mundo da forma astral, do mesmo modo que Binah é o lugar da forma "espiritual". Yesod é a condição resultante, não apenas deste triângulo, mas de toda a Árvore. Parece, por conseguinte, adequado que Yesod tenha os títulos de *a casa de tesouro de imagens* e *o mecanismo do universo*, fornecendo este último título uma imagem convincente da energia controladora que existe por trás dos fenômenos do mundo físico.

Finalmente, independente, na base da Árvore, está Malkuth, a sephirah final. Ela representa o mundo físico da matéria que conhecemos, como casas, automóveis, árvores, montanhas e estrelas. Em Malkuth está a etapa final da descida na matéria. Malkuth é o ponto mais baixo no grande arco da evolução. Se Kether contém em si a idéia de toda a vida criada, escondida como o carvalho na bolota, então Malkuth representa a mais completa expressão da vida. Se Kether é o alfa do universo, Malkuth é o seu ômega. "Eu sou o alfa e o ômega", disse o Senhor.

Usando a Árvore dessa maneira, chegamos a uma certa idéia do método da filosofia cabalística. Lembre-se de que, nesta etapa, estamos apenas utilizando a Árvore como uma estrutura, um cabide onde pendurar idéias. Observe que o método requer a imaginação criativa, confrontada com os modelos polarizadores da Árvore. Lembre-se sempre de que as sephiroth representam *padrões* de relacionamento – *jamais símbolos fixos* de coisas ou estados de ser.

O Processo de Volta

Finalmente, consideremos brevemente a Árvore como um diagrama do processo de volta. O raio (ou espada flamejante, como por vezes é chamado) indica a ordem sucessiva de emanação, uma da outra, das sephiroth. Cada uma delas está contida na sua predecessora como a planta na semente, diretamente de volta à glória unicelular de Kether. Pode-se considerar a Árvore como um diagrama que representa todo o esquema da criação contido na mente inconsciente de Deus.

Toda vida obedece à lei cíclica: depois da involução vem a evolução. A vida, tendo involuído até a sua maior capacidade de complexidade, retira-se, esfera por esfera, das formas que criou, levando consigo as capacidades desenvolvidas durante a sua permanência na matéria. Neste ponto, seria bom lembrar que, tecnicamente, *todas* as esferas abaixo do primeiro triângulo representam estados materiais. Só as mais elevadas representam a estrutura da vida ou a própria forma.

Os cabalistas ocidentais sustentam que nos afastamos para planos mais sutis à medida que dominamos as lições da matéria e, assim, fundamentalmente, fará a própria criação. O "Big Bang" ou explosão no começo da fase dá início a tudo, enquanto uma "implosão" equivalente junta toda a criação num ponto no fim do ciclo. Para representar este caminho de volta da humanidade e do universo, o glifo da serpente Nechushtan é posto na Árvore (Veja a figura 6, na página seguinte).

A serpente da sabedoria está enroscada de tal modo na Árvore que o seu corpo passa por sobre cada caminho, de maneira sucessiva, no trajeto de retorno. Com a sua cauda perto de Malkuth e a cabeça próxima de Kether, ela indica a ordem correta de numeração dos caminhos na Árvore. Isso, em tempos passados, era um segredo reservado apenas ao iniciado.

Os estudiosos do cabalismo moderno não tentam "compreender" a Árvore de forma intelectual; tornam-na parte da sua vida interior.

Relações Sefiróticas

Cada sephirah é um fator independente, mas só pode ser compreendida convenientemente como parte de um todo maior, um elemen-

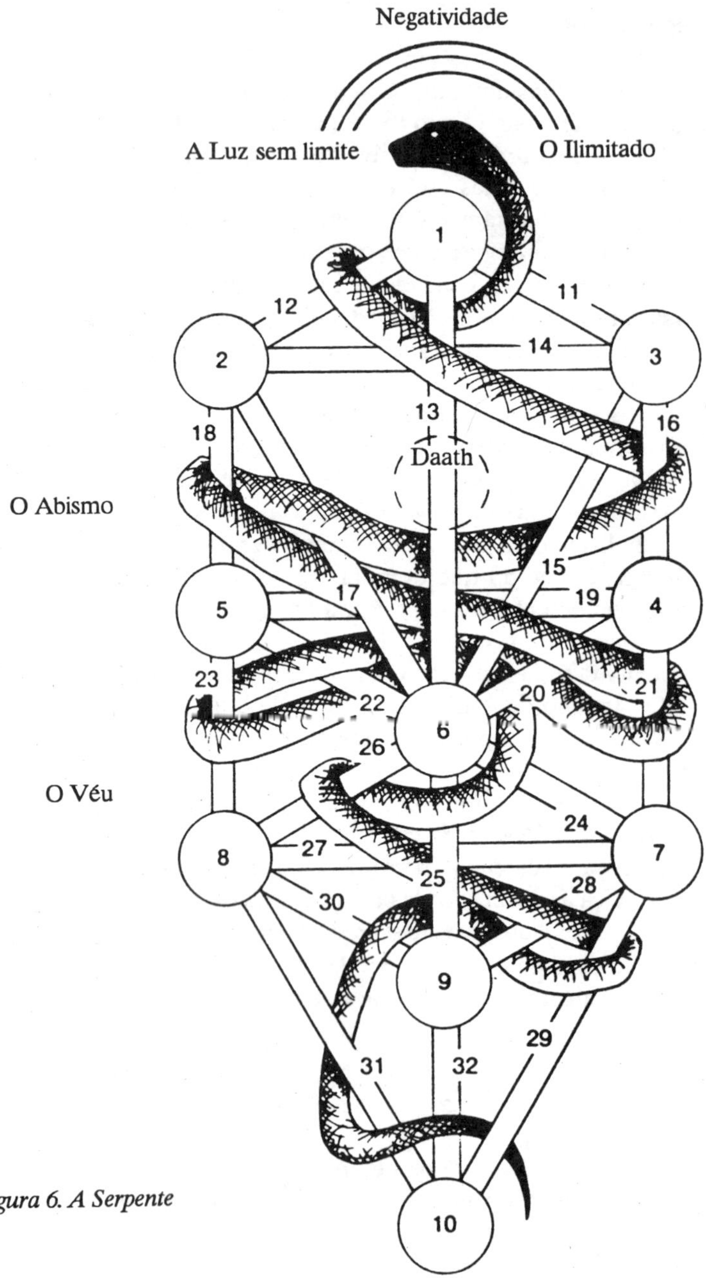

Figura 6. A Serpente

to dentro de um padrão de relações. Há um número de padrões importantes dentro da estrutura da Árvore; eles podem ser considerados como subsistemas dentro do sistema geral do próprio glifo. Os padrões são os seguintes:

1) *Triângulos:* O primeiro destes grupos já foi mencionado: os triângulos. Kether, Chokmah e Binah formam o triângulo mais elevado. Estes três primeiros sephiroth indicam estágios de uma fase de desenvolvimento do universo e da humanidade. O Triângulo Número Um representa as raízes da existência, se a Árvore for encarada como um símbolo de manifestação; ou as raízes da vida, se encarada como representando a alma.

O segundo triângulo, que abrange Chesed, Geburah e Tipharet, é freqüentemente considerado um reflexo do primeiro – invertido e oposto. A sephirah do lado esquerdo, Geburah, é, neste caso, o parceiro dinâmico. A esfera do lado direito, Chesed, é o que dá forma. O complemento delas está na sexta sephirah, Tipharet, o resultado da interação delas, e a origem da fase seguinte. O segundo triângulo é muitas vezes chamado de triângulo ético, porque retrata o desenvolvimento da "lei e da ordem". No universo isto implica o aparecimento do que mais tarde se apresentará aos nossos olhos como "as leis da natureza". O equivalente no gênero humano são os primeiros indícios da consciência, o sentido de certo e errado e a idéia de escolha.

Netzach, Hod e Yesod – que formam o terceiro e último triângulo – representam o desenvolvimento posterior no sentido da manifestação tal como a compreendemos. Embora o terceiro triângulo aponte para baixo (como estava o segundo), a polaridade dos seus complementares está novamente invertida. Netzach, à direita, é positivo, enquanto Hod é formativo. A sephirah Yesod representa a síntese do triângulo e a origem da fase seguinte. Esta terceira trindade muitas vezes é chamada de triângulo mágico. A magia foi definida como a ciência e arte de construir formas através da invocação, concentração e controle de forças espirituais. Netzach representa a energia elemental pura – na natureza ou nos homens. Hod é a influência formalizadora, o plano na mente de Deus, ou as idéias concretas na mente dos homens. A operação de construção das formas de Hod abriu canais para as forças de Netzach. Yesod é a matriz da qual elas nascem no mundo material de Malkuth, o reino.

Dar demasiada atenção ao significado intelectual desses padrões da Árvore provocará uma indigestão mental. A compreensão resultará da compreensão do seu significado na nossa vida pessoal.

2) *Os Quatro Mundos:* O cabalismo clássico considerava quatro *mundos* ou condições de ser, desde a idéia ao resultado final:

o Mundo de *Atziluth*	Arquetípico	a Idéia
o Mundo de *Briah*	Criativo	o Plano Detalhado
o Mundo de *Yetzirah*	Formativo	a Realização
o Mundo de *Assiah*	Material	o Resultado

Esta é uma forma muito útil de pensar sobre qualquer processo criativo, seja na humanidade ou no universo.

Há dois modos de como esta idéia pode ser utilizada. Em primeiro lugar, a Árvore pode ser dividida verticalmente. Kether representará então o mundo atzilútico, enquanto Chokmah e Binah representarão o mundo criativo, Briah. As seis sephiroth seguintes formam Yetzirah. Malkuth representa Assiah, o mundo da matéria física. O segundo método de usar as palavras é uma extensão lógica do primeiro. Se a Árvore pode ser encarada de um modo quádruplo, do mesmo modo pode-se encarar qualquer parte dela. Assim, cada sephirah pode ser considerada de quatro maneiras: a possibilidade, a idéia, a realização e o resultado – ou, Atziluth, Briah, Yetzirah e Assiah.

3) *Os Reflexos:* Um modo adicional e muito útil de considerar a Árvore é ver as sete sephiroth inferiores como se formassem três padrões de reflexo, um padrão a partir de cada um dos três padrões mais elevados. Aleph, Mem e Shin são as três letras-mãe. Aleph é chamada a *raiz dos poderes do ar*, e se aplica a Kether. Mem é chamada a *raiz dos poderes da água*, e atribuída a Binah. Shin é conhecida como a *raiz dos poderes do fogo*, e é atribuída a Chokmah. A influência de Aleph-Kether se reflete para baixo por intermédio de Tipharet e Yesod em Malkuth. Mem-Binah se reflete diagonalmente para Chesed e, daí, em Hod. Shin-Chokmah se refletem através de Geburah e, daí, em Netzach. Estas são indicações úteis sobre a maneira como as forças atuam (Veja a figura 7A, abaixo).

4) *O Hexagrama:* Outro modo de moldar as sephiroth é considerar a Árvore dinamicamente. O primeiro triângulo é visto como a fonte que

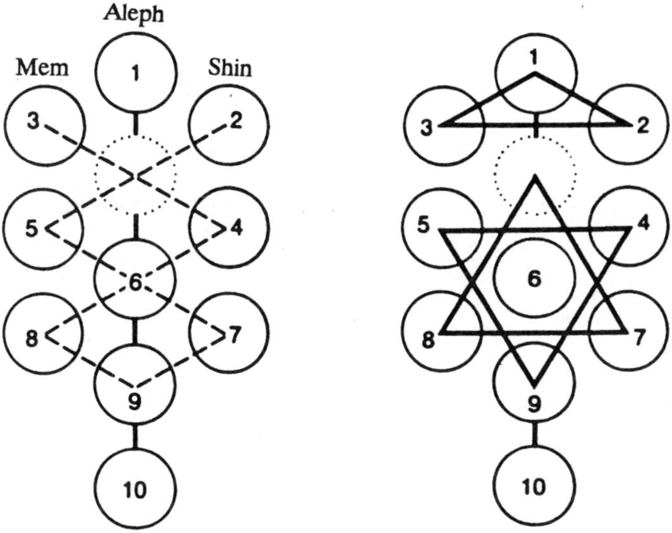

A B

Figura 7. Os Reflexos (A) e o Hexagrama (B)

centraliza a sua influência e poder numa posição mediana entre Tipharet e Kether. Este foco cria uma sephirah fantasma a que os rabinos dão o nome de *Daath* ou conhecimento. Malkuth é independente na parte de baixo do diagrama. As sephiroth centrais são consideradas as partes funcionais deste diagrama e encaradas como os pontos de uma estrela de seis lados ou hexagrama. Daath constitui a ponta de cima e atua como um canal a partir do triângulo mais elevado, enquanto Yesod (com a ponta de baixo) se alimenta de Malkuth. Este método de agrupar as sephiroth faz ressaltar a sexta sephirah, Tipharet, como o centro funcional da Árvore como um sol, com as sephiroth 4, 5, 7, 8 e 9 dispostas como planetas em torno dela (Veja a figura 7B).

5) *Atribuições Astrológicas:* Posteriormente, consideraremos como os planetas astrológicos podem ser relacionados com a Árvore, de modo que o diagrama possa ter mais sentido para os que se interessam pelo simbolismo astrológico.

Capítulo 3

A Árvore e suas Forças

A Árvore da Vida é um diagrama que representa todas as forças e fatores atuantes no universo e na humanidade. Não existe nenhuma característica, influência ou energia que não seja suscetível de representação na Árvore. O começo, o fim e os caminhos intermediários, todos são representados. Pode-se assim ver o passado, o presente e o futuro nas dez sephiroth e nos vinte e dois caminhos que as ligam.

Somos, naturalmente, construtores de formas. Todo o nosso passado foi consumido numa luta corpo a corpo com a forma, pois mesmo os reinos etéricos do plano mental são túrgidos e restritivos para o espírito. Não é de surpreender, portanto, que a personalidade – ela própria uma complexa forma mental e emocional – veja forças abstratas em símbolos concretos. Deus fez o homem à Sua imagem e semelhança e fazemos o mesmo com o nosso universo interior – nossa percepção das forças abstratas é personalizada ou formalizada de acordo com o nível da nossa compreensão do momento.

Os Titãs, os deuses olímpicos e os deuses com cabeça de animais do Egito são formas feitas pelo homem. Os arcanjos, os anjos, serafins e querubins, os elementais e as fadas do folclore são personificados em formas aladas, anões, rodas ardentes, pilares de fogo, etc., segundo a profundidade da nossa percepção e os limites do nosso suprimento de imagens mentais. Os símbolos personalizados são como palavras no vocabulário dos ocultistas. Como as palavras de que nos servimos na vida diária, eles *representam* realidades; só há ameaça de perigo quando elas são tomadas erroneamente pelas realidades que representam.

O ocultismo jamais pode ser restringido a uma série de fórmulas rígidas. A experiência humana é individual e alguns aspectos dela podem ser singulares. Tampouco duas pessoas reagem do mesmo modo a uma experiência. Há, por conseguinte, pouco valor em adquirir um livro sobre a Cabala com uma série de poderes facilmente acessíveis e utilizá-lo como um substituto da experiência pessoal. O livro só pode servir para a apontar o caminho. Por esta razão, os subtítulos que se seguem são deliberadamente gerais, e o texto, quando for específico, deveria ser entendido como uma sugestão, não como um dogma. Seja como for, tudo depende do uso que você fizer da Árvore como símbolo fundamental.

Os Deuses

Nossos antepassados mais distantes personificavam as forças que percebiam dentro de si mesmos e no mundo que os cercava. Os membros mais inteligentes das raças primitivas especulavam sobre as origens, a causa, o efeito e sobre as nossas interações com o meio ambiente. Dessa riqueza de imagens e pensamentos resultaram os panteões dos deuses. O indivíduo comum via-os como superseres dotados de supervirtudes (e às vezes de supervícios!), mas, para o homem instruído, eles eram representações de forças e fatores no seio da humanidade e do universo.

Todos os deuses criadores, de qualquer panteão, podem, sem medo de errar, ser atribuídos a Kether, a primeira sephirah. Os deuses-força, que representam a força bruta, o dinamismo primordial, poderiam ser colocados em Chokmah, enquanto a idéia de construção da forma, a idéia de dar à luz ou a maternidade arquetípica, expressa pelas grandes deusas-mãe, pode ser associada a Binah. Dessa grande trindade de idéias origina-se tudo o que vem a seguir.

Chesed representa a idéia de ordem e o tipo de harmonia que resulta da civilização no seu verdadeiro sentido, como um exercício em perfeita cooperação e, quase literalmente, boa vontade. Chesed é o administrador perfeito da realidade invisível, e poderia ser considerado a primeira manifestação do "plano perfeito". Nos seres humanos, essa esfera representa um aspecto do Eu superior, aquela parte que dá forma à vontade do espírito. De tudo isso decorre que os deuses atribuídos a Chesed serão figuras que representam a força em desequilíbrio, o governo sábio e benevolente e os mais elevados ideais de ordem.

Geburah é complementar de Chesed. Seus princípios são os da guerra santa – novamente no sentido absolutamente literal. Todo deus guerreiro dedicado à destruição do mal e das formas obsoletas pode ser relacionado com Geburah. Um título desta sephirah, Pachad (medo), é às vezes malcompreendido. A crueldade e o medo da violência não têm lugar nesta esfera, porque se trata de males. Pachad (na nossa opinião) significa medo da lei, pois o medo da lei é o começo da sabedoria, quando "medo de" é interpretado como "respeito ao" direito e poder de Deus ou ao espírito da humanidade. Geburah é o grande iniciador, porque destrói a fim de abrir caminho para as verdadeiras obras do espírito.

Tipharet é o reconciliador de Geburah e Chesed, e por vezes é chamado de Beleza. Bela ela é, esta esfera de Shemesh, o sol, mas não "agradável". Suas glórias são as do sol, que é o seu símbolo, e sua harmonia provém do equilíbrio de forças incríveis. É também a sephirah do sacrifício autêntico, que é a transmutação da força de um nível para outro. Com essa esfera estão relacionados os deuses que curam.

Isso pode parecer estranho até que sejam consideradas as suas implicações. Curar é "tornar integral", é o equilíbrio ascendente de um sistema desequilibrado, e isso invariavelmente implica o sacrifício de uma ou outra espécie; faz pouca diferença que seja o bisturi do cirurgião ou as sondagens do psiquiatra. A cura da alma, ou regeneração, se preferirmos, é outro importante exemplo quando o encantamento e a ilusão são consumidos no sol de Tipharet e transmutados em ouro espiritual, desse modo "tornando integral" a alma da humanidade.

No último triângulo da Árvore, os deuses simbolizam coisas mais próximas da nossa compreensão normal. Netzach retrata o relacionamento perfeito, horizontalmente – entre pessoas, forças ou mecanismos; ou verticalmente – entre um nível de manifestação (ou consciência) e outro nível. Assim, os deuses de Netzach são deuses de polaridade. Vênus e Afrodite são deusas do amor nos panteões romano e grego, respectivamente. Mas a verdadeira interpretação do simbolismo é em função da polaridade em todos os níveis, não simplesmente no nível físico do sexo.

Em Netzach está também a "Lâmpada do Conhecimento Oculto", símbolo que representa a sabedoria acumulada da humanidade em sua busca secular da Luz. Isso pode parecer confuso até que sejam considerados os reflexos diagonais de um lado a outro da Árvore. Chokmah reflete-se de Geburah em Netzach, fato que pode revelar ao estudioso do ocultismo um outro aspecto ainda.

Hod geralmente é considerado formal e mental na sua estrutura, em contraste com o aspecto emocional de Netzach. Se Netzach representa os impulsos inconscientes, emocionais e artísticos, então Hod simboliza o acesso consciente, mental e científico à vida. É por essa razão que Hod está ligado à magia formal – ao ocultismo cerimonial.

Toda operação que dirija com segurança uma força, "simpatizando com ela" (indução simpática) poderia ser atribuída a Netzach; toda invocação ou evocação cerimonial, seja na missa cristã ou na cerimônia de iniciação de uma loja ocultista, é uma operação da esfera de Hod. Há, no entanto, para cada sephirah, profundezas imensas que não podem ser exploradas neste livro. Afinal de contas, cada sephirah é um aspecto de Deus. Hod recebe os reflexos diagonais de Chesed, que transmuta a força de Binah. Hod transmuta a influência da força primordial, assim como Netzach manifesta o fogo primordial. O formalismo de Hod não é a vã organização do ritual pelo ritual, mas a força da grande Mãe da forma em si. Os deuses de Hod são símbolos da energia formalizada. Mercúrio, Hermes e Thoth são todos Senhores da Magia, mestres das artes da ciência, grandes instrutores e mensageiros.

Todas essas influências se transformam na nona sephirah, Yesod, a esfera da lua, região do grande mas oculto mundo das causas que estão imediatamente por trás da vida física. Devido à força inimaginável deste princípio de vida, os deuses e heróis titânicos podem ser relacionados com esta sephirah; Atlas e Hércules são duas escolhas evidentes. Os deuses lunares (e em especial as deusas) são também atribuídas a Yesod. A lua tradicionalmente rege o submundo do etérico, cujas marés internas obedecem aos apelos da lua, como as marés do oceano. A lua tem muitas fases, e Hécate – senhora da bruxaria e da esterilidade – rege a fase escura, ao mesmo tempo em que os aspectos brilhantes e férteis de Ísis ou da sempre virgem Diana regem as fases luminosas.

Assim como em todas as esferas da Árvore, os estudiosos deveriam atribuir deuses a Yesod de acordo com a compreensão que têm da sephirah e do deus; e, à medida que avancem, espera-se que sua compreensão se aprofunde. Por exemplo, Pan pode ser atribuído a Chokmah, a Yesod ou a Malkuth, segundo o aspecto do deus que se considere. Há grande diferença de elevação entre a potencialidade masculina do universo em Chokmah e o mais primitivo Pan silvestre em Malkuth. Quanto ao grande poder feminino, ele aparece em inúmeras formas. Depois que se chega a determinado ponto, a instrução formal é de pouca serventia e a experiência é o único guia verdadeiro.

Finalmente, Malkuth é a sephirah extrema da Árvore. Se Kether é o alfa, Malkuth é o ômega. A evolução, porém, é cíclica, não linear. Malkuth representa não tanto o derradeiro elo de uma corrente quanto um ponto num círculo. Os estudiosos do ocultismo, cujos mal-entendidos os levaram a pensar que a matéria é funesta, deveriam levar em consideração as palavras "Eu sou o alfa *e o ômega*, disse o Senhor". Malkuth simboliza o universo físico e os deuses e deusas sintetizam as suas características. Alguns são deuses da fecundidade; outros são deuses das antigas forças da Terra que fizeram as rochas e rios, as montanhas e os mares. Deméter e Ceres, deusas da colheita, Vulcano, da forja subterrânea, o silvestre Pan e a brilhante e fértil Ísis são todos imputáveis a Malkuth.

Muitos ocultistas afastaram-se do cristianismo e se concentraram exclusivamente nas formas divinas hebraicas e nos panteões pagãos. Alguns chegaram até a difamar a mensagem cristão como "adequada apenas às massas". É difícil haver-se com uma ignorância desse tamanho; talvez seja uma questão de desenvolvimento, pois que exemplo mais puro e mais completo de Malkuth do que Jesus Cristo em Sua expressão como o ser humano supremo, ainda que arquetípico?

Os Arcanjos e os Anjos

Séculos de uso pelos iniciados da Tradição Ocidental construíram muitos sistemas de simbolismo em torno da Árvore e suas sephiroth.

Quando, porém, a Árvore Cabalística e seu sistema foram registrados por escrito pela primeira vez, eles continham pouco mais do que um diagrama e certas atribuições básicas. O sistema hebraico é, naturalmente, rigidamente monoteísta; o panteão de deuses é substituído por dez arcanjos e dez coros de anjos.

A doutrina dos quatro mundos foi trazida à baila. A força da própria divindade atua no Mundo Atzilútico; a dos arcanjos age no Mundo de Briah; e os coros angélicos são os representantes divinos em Yetzirah; enquanto no Mundo de Assiah, o plano da matéria física, a criação é sintetizada na forma de oito planetas e duas condições cósmicas. Os planetas deveriam, de preferência, ser encarados num sentido astrológico e não como objetos físicos. Alguns dos atributos associados às sephiroth derivam da caracterização astrológica dos planetas. Um exame crítico atento das definições astrológicas poderia dar ao estudioso uma compreensão do significado das sephiroth na evolução pessoal. Dever-se-ia, contudo, compreender que as atribuições astrológicas constituem apenas parte da significação total de uma sephirah.

Cada sephirah surge também presidida por um dos dez Nomes Santos de Deus. Alguns nomes serão familiares por causa do Velho Testamento. Cada nome é uma fórmula independente e o mais proveitoso tema para contemplação e meditação. Os nomes estão relacionados no Quadro 3.

Os arcanjos são considerados geralmente seres notóricos, aperfeiçoados numa fase mais antiga da evolução. Os anjos têm nomes cuja tradução pode ser muito instrutiva. Provavelmente, poderíamos considerar melhor esses seres como complexos inteligentes de forças das esferas às quais estão associados. Cada tipo angélico tem uma função rigorosamente limitada, um complexo específico de ação-reação. Os arcanjos e anjos associados às dez sephiroth são mostrados no Quadro 4 da página 52.

Finalmente, as terminações terrenas das forças sefiróticas – os seus símbolos no Mundo de Assiah – são as seguintes:

1 – Primum Mobile – Torvelinho Inicial
2 – O Zodíaco
3 – Saturno

Quadro 3. Os Dez Santos Nomes de Deus

Sephirah	Nomes	Significado
1	Eheieh	Eu (ou Eu Me Torno)
2	Jehovah	Deus (O Verbo)
3	Jehovah Elohim	Deus (O Criador)
4	El	Deus (O Senhor)
5	Elohim Gebor	O Deus das Batalhas
6	Aloah Va Daath	Deus Manifestando-se na Mente Superior
7	Jehovah Tzabaoth	O Senhor dos Exércitos
8	Elohim Tzabaoth	O Deus dos Exércitos
9	Shaddai el Chai	O Todo-Poderoso Deus Vivo
10	Adonai Melekh, Adonai Ha Aretz	O Senhor Que é Rei O Senhor da Terra

4 – Júpiter
5 – Marte
6 – O Sol
7 – Vênus
8 – Mercúrio
9 – A Lua
10 – A Terra

Um conhecimento enciclopédico do simbolismo cabalístico é por si só de pouca utilidade. O que está *escrito* aqui serve apenas como sugestão, indicação. O que é *necessário* é um conhecimento intuitivo dos significados internos do simbolismo e sua aplicabilidade à vida. Esta é a verdadeira Sabedoria Cabalística; ela só pode ser desenvolvida através da experiência.

Quadro 4. Arcanjos e Anjos Associados à Árvore

Sephirah	Arcanjo	Anjo
1	Metraton	Chaioth ha Qadesh – Santas Criaturas Vivas
2	Ratziel	Auphanim – Rodas
3	Tzaphkiel	Aralim – Tronos
4	Tzadkiel	Chasmalim – Seres Brilhantes
5	Khamael	Seraphim – Serpentes Flamejantes
6	Raphael	Malachim – Reis
7	Haniel	Eloim – Deuses
8	Michael	Deni Elohim – Filhos dos Deuses
9	Gabriel	Kerubim – Os Seres Fortes
10	Sandalphon	Aschim – As Almas de Fogo

Os Caminhos

As dez sephiroth e os seus vinte e dois caminhos interligados constituem os "32 Caminhos da Glória" que compõem a Árvore da Vida. Se as sephiroth expressam as condições de existência no macrocosmo e os estados de consciência no microcosmo, o que são então os caminhos? Provavelmente, a melhor maneira de considerá-los é como seqüências de experiências. Suponha que uma solução de açúcar se cristaliza. Sua condição inicial é líquida; a final, sólida. A seqüência de experiência que os componentes sofreram durante a mudança de estado representa o caminho entre os estados sólido e líquido. A mesma idéia se aplica às sephiroth na Árvore.

Os caminhos que estão alinhados com o Raio têm um sentido especial, porque representam a "seqüência de experiências" sofridas no estágio de involução da matéria e da consciência. Os outros caminhos talvez possam ser melhor considerados como se representassem as seqüências de experiência da compreensão humana, quando ela evolui de um estado de consciência (ou sephirah) para outro.

Talvez fosse melhor deixar para depois a especulação adequada sobre a natureza dos caminhos, até que se adquira certo grau de experiência. Entretanto, não resta dúvida de que os caminhos, no seu aspecto objetivo, representam a experiência coletiva na evolução da alma; e como tal estão certamente envolvidos com certos tipos de trabalho oculto prático.

Caminhos Superiores

O nível mais abstrato da Árvore é o primeiro triângulo de Kether, Chokmah e Binah. Disso resulta naturalmente que os caminhos que interligam essas sephiroth devem ser de importâncial fundamental. As grandes seqüências de experiências que representam a involução primordial no universo e os prelúdios da consciência na alma retratam a estrutura recôndita da existência.

Os caminhos 11, 12 e 14 unem os caminhos superiores no triângulo fundamental, e desses três, os caminhos 11 e 14 se alinham com o Raio e, desse modo, são de especial importância. O 13º caminho é muitas vezes considerado como portador da chave para o intenso misticismo que liga a alma (representada pelas sephiroth centrais) à sua fonte espiritual em Kether. Este caminho, junto com o 15º, o 16º, o 17º e o 18º, liga o triângulo do espírito ao mundo da alma.

Caminhos Éticos

Chesed, Geburah e Tipharet formam o que se poderia chamar triângulo ético, representando as atividades superiores da alma. Os caminhos 19, 20 e 22 determinam esse triângulo, e os caminhos 19 e 22 estão sintonizados com o Raio. A idéia da mente abstrata está nitidamente relacionada com este triângulo.

Tipharet, na sua posição central na Árvore, é não apenas um foco como um ponto de distribuição. Desta sephirah se irradiam linhas de conexões com os aspectos mais reais da alma, o 24º, o 25º e o 26º caminhos. Destes, o 25º caminho é particularmente notável, porque representa, junto com o 13º caminho, antes mencionado, e o último, o 32º, o cerne da consciência da Árvore, a grande estrada para a Luz, os caminhos de Saturno (32º), o Deserto (25º) e a Grande Sacerdotisa (13º).

Caminhos Mágicos

É nas regiões inferiores da alma que ocorrem as operações de "magia". A magia resulta de uma série de técnicas (nada mais) destinadas a construir estruturas ou formas para canalizar a força dos níveis "mais elevados" da Árvore para o mundo material. Se a direção da força está de acordo com a evolução, a magia é branca; caso contrário, é negra.

As sephiroth Netzach, Hod e Yesod formam este triângulo, que pode ser chamado triângulo da personalidade: o 27º, o 28º e o 30º caminhos o determinam. Novamente, dois dos caminhos, o 27º e o 30º, acompanham o Raio e, desses dois, o número 27 é particularmente importante na nossa psicologia, pois representa a viga mestra da personalidade.

Os caminhos 29, 31 e 32 fazem ligação com a última sephirah, Malkuth. O caminho final, chamado às vezes "o terrível 32º caminho", foi brevemente mencionado antes. Além disso, é um dos caminhos sintonizados com o impulso involutivo descendente do Raio; mas é também de grande importância na evolução mística do neófito. Em relação à evolução, Yesod é o estado superior depois de Malkuth. Logo, o 32º caminho é o primeiro dos caminhos místicos trilhados pelo iniciado em sua viagem no Caminho de Retorno. Aqui fazemos a primeira transição da experiência da consciência mental para o primeiro conhecimento da alma. Neste ponto, os neófitos são advertidos de que, se derem "apenas um passo que seja neste caminho", "deverão inevitavelmente ir até o fim dele". Depois do 32º caminho, vem a experiência do deserto e, depois dela, de novo, o quarto vazio. Os aspirantes a iniciados, que imaginam uma vida fascinante e maravilhosa de mágico arrebatamento, deveriam estudar os escritos de São João da Cruz, do século XVI, sobre a Noite Escura da Alma.* Se, posteriormente, concluírem não ser aquilo o que desejavam, todos livrar-se-iam de uma boa porção de transtornos!

* *Dark Night of the Soul*, de São João da Cruz, traduzido por E. Allison Peers (Londres: Burns & Oates, 1953).

Capítulo 4

Glifos e Templos Sefiróticos

O simbolismo é um meio para alcançar um fim, não um fim em si mesmo. Afirmações dessa espécie têm sido feitas tantas vezes por tantas pessoas que deveriam certamente ser consideradas hoje axiomáticas; contudo, muitos estudiosos de ocultismo ainda ficam obcecados pela aparência exterior e perdem de vista a realidade que o símbolo representa. É um fato curioso que muitos estudiosos do esoterismo, que negariam indignados que eles se confundem com os seus corpos físicos, ficam totalmente enredados em rituais, palavras de força, exercícios respiratórios ou posturas especiais, e não compreendem o significado interior do que essas coisas são, tão diligentemente representam para eles com a sua parafernália.

A renovação é pintada adequadamente como uma viagem e seu terreno varia. Às vezes pode-se usar um automóvel; outras, a estrada é uma simples vereda que só se pode atravessar a pé. Há, eventualmente, subidas perigosas nesta viagem, e pode, sem dúvida, haver momentos em que um helicóptero poderia ser o melhor veículo. Os vários métodos do ocultismo proporcionam o transporte para a viagem. Escolhidos quando as circunstâncias exigem o seu uso e substituídos por outro método quando necessário, todos eles representam ajudas válidas e meios valiosos para se chegar a um fim. Quem, no entanto, mesmo nestes dias de deuses estranhos, se confundiria com o seu automóvel?

Há profunda satisfação em aprender sinais e símbolos e, no primeiro assomo de entusiasmo, é muito fácil perder de vista o objetivo. Em qualquer estudante típico, é natural certa dose de experimentação "só para ver o que acontece", e raras vezes isso causa um mal permanente (ou um bem, certamente). Aquilo de que realmente devemos nos resguardar é de perder o nosso caminho interior no labirinto de um sistema complexo, com todos os seus aprazíveis quebra-cabeças e enigmas mentais. Numa iniciação ritual, previne-se o candidato para que "não se perca no tortuoso labirinto da mente inferior". Este é um bom conselho.

A primeira pergunta que um estudioso deveria fazer antes de trabalhar com os símbolos das sephiroth, é: "Por quê?" A princípio, a prática e a familiaridade são excelentes razões. Fundamentalmente, no entanto, depois que se adquiriu um conhecimento do trabalho, surge a questão do uso. Os símbolos operam nos níveis interiores e atuam quer como transformadores de energia ou como "portões de entrada". No primeiro caso, o contato repetido tende a criar um canal entre os níveis interior e exterior, começando assim o processo de cura ou de integração. No segundo caso, o símbolo encerra uma verdade interior que, quando percebida, elimina uma barreira ou abre uma porta para um novo nível de experiência de vida no ambiente do estudante. Os símbolos são realidades do mundo interior e não deviam ser utilizados levianamente. Dever-se-ia, ao mesmo tempo, evitar a superstição. Os símbolos podem encerrar verdades fora do comum. Podem tornar possível a liberação de forças inacreditáveis – mas a fórmula dos Sais de Epsom faz a mesma coisa!

É possível apresentar quadros complexos de atribuições sefiróticas, onde todos os deuses, deusas, heróis, anjos, arcanjos, elementais, potes, janelas conhecidos e mesmo a pia de cozinha são atribuídos a uma ou mais das esferas da Árvore da Vida. Isso, porém, seria de pouca utilidade por motivos que agora deveriam ser evidentes. Portanto, o texto seguinte simplesmente oferece as linhas gerais do simbolismo e permite que o leitor acrescente os símbolos secundários e os adornos que julgue oportunos.

Cores e Imagens Mágicas

Tradicionalmente, cada sephirah tem uma cor que lhe é associada, assim como um símbolo personalizado especial, conhecido como a sua imagem mágica. As cores representam a energia nos mundos interiores. De fato, há quatro escalas cromáticas distintas, uma para cada um dos quatro "mundos": Atziluth, Briah, Yetzirah e Assiah.

Na prática, o uso da cor é simples. A escala briática é adequada para muitos fins, pelo menos nos estágios iniciais de contato com a Árvore. Os quatro mundos podem ser encarados como estágios da criação; não faz diferença se se está construindo uma garagem ou um universo.

Atziluth: a idéia
Briah: o plano
Yetzirah: a realização
Assiah: o resultado

A escala de cores de Briah é utilizada para o trabalho de meditação, porque representa o plano das coisas antes que sejam encontradas dificuldades no mundo físico. Assim, o mundo briático, sendo perfeito, é uma base ideal para o trabalho da mente sobre a Árvore. Trabalharemos, portanto, com um conjunto de cores como segue:

Kether: brilho
Chokmah: cinza pérola
Binah: preto
Chesed: azul
Geburah: escarlate
Tipharet: amarelo
Netzach: esmeralda
Hod: laranja
Yesod: violeta
Malkuth: amarelo-limão, verde-oliva, castanho avermelhado, preto

Em Malkuth, o círculo que representa a sephirah se divide diagonalmente em quartos: o amarelo-limão está voltado para Yesod; o verde-oliva, para Netzach; o castanho avermelhado para Hod; e o preto está embaixo.

As imagens mágicas, que em tempos passados foram mantidas secretas para os não-iniciados, são consideradas a síntese das qualidades essenciais das sephiroth. Eis as formas tradicionais:

Kether: um venerável rei barbado, visto de perfil.
Chokmah: um homem barbado.
Binah: uma figura de mãe.
Chesed: um poderoso rei coroado e entronizado.
Geburah: um poderoso guerreiro em seu carro de guerra.
Tipharet: um rei imponente, uma criança, um deus sacrificado.
Netzach: uma bela mulher nua.
Hod: um hermafrodita.
Yesod: um vistoso homem nu – muito forte.
Malkuth: uma jovem coroada e entronizada.

São estas, pois, as imagens mágicas que nos foram legadas. Mas lembre-se de que a Cabala é um sistema em evolução. Desse modo, constitui um bom exercício encontrar imagens modernas apropriadas a essas idéias. Afinal de contas, os tempos mudaram; a idéia de um antigo rabino, de uma bela mulher nua ou um vistoso homem despido não pode ser a nossa. Assegure-se de que as suas imagens correspondem ao que considera a essência da sephirah. Um grande guerreiro em seu carro de guerra é ainda uma imagem muito emocionante, enquanto um rude comandante de tanque na torre da sua viatura pode não ser um sucedâneo adequado, embora seja uma imagem moderna.

A imagem de um hermafrodita de Hod pode causar alguma perplexidade. O que a imagem pretende transmitir não é uma anomalia sexual ou uma aberração, mas a noção de um ser que tem, não apenas características masculinas, mas também femininas da alma – suavidade e força, lágrimas e dureza, intelecto e emoções.

Tipharet, como você deve ter percebido, tem três imagens – uma criança, um rei e um deus crucificado. Estes são os três estágios na formação de um iniciado, o que se tornará claro quando você se torna um deles! Pense nessas coisas. Use *a sua* imaginação ao trabalhar e a Árvore viverá dentro de você.

Para usar eficazmente o simbolismo sefirótico, os símbolos, nomes, etc. deveriam primeiro ser confrontados e depois apreciados separadamente. Finalmente, deveriam ser reunidos num símbolo composto e trabalhados tanto contemplativa quanto meditativamente, sendo o objetivo uma síntese, uma idéia ou "sentimento" em relação à esfera.

Considere Tipharet como exemplo: o número desta sephirah é 6; na escala briática, sua cor é o amarelo. Ela é a esfera do sol e sua imagem mágica tradicional é tríplice: um rei imponente, uma criança e um deus sacrificado. Os símbolos mais associados a Tipharet são o sol, a cruz de braços iguais e a do calvário, o cubo, a pirâmide truncada e o *lamen*. O *lamen* é um símbolo que o iniciado usa tradicionalmente no peito. O número e a cor são motivos fundamentais, e qualquer figura simbólica, mental ou desenhada no papel, deveria basear-se neles. A imagem mágica muitas vezes tem grande antigüidade, o que indica freqüentemente que nela está retratada uma experiência humana fundamental. É, de certo modo, um arquétipo, e esse fato, bem como os séculos de trabalho oculto sobre ele, dá à maioria desses glifos um grande poder latente. No caso de Tipharet, a imagem é tríplice e representa três etapas ou níveis de experiência. Só se deveria escolher um aspecto de cada vez para o trabalho nesta sephirah. Não é obrigatório o uso de todos os símbolos dados, naturalmente. A maioria das pessoas acha que um ou dois símbolos têm especial importância para elas, enquanto outros têm menos; e alguns símbolos podem parecer totalmente irrelevantes. Neste exemplo, a meditação e a contemplação poderiam muito bem se concentrar no simbolismo da cruz e nos significados da pirâmide truncada, um símbolo do adepto menor, o grau tradicional de Tipharet. Na Tradição Esotérica Ocidental, considera-se um grau como um passo no caminho da Luz. Cada grau mais elevado é um passo mais próximo da realidade e mais distante da ilusão.

A reunião num glifo – um símbolo composto – é questão de inclinação pessoal. Um glifo como Tipharet, que se concentra no aspecto sacrificial, representa uma crucificação, com a base da cruz erguendo-se do topo plano da pirâmide truncada. O fundo é preto-fosco, enquanto o contorno da pirâmide e do crucifixo é amarelo. Do crucifixo irradiam-se para os limites hexagonais do glifo grandes feixes de luz amarela. Tudo é simples, embora muito eficaz. Outro glifo se concentra sobre a cruz de braços iguais, o conjunto encerrado numa estrutura cúbica constituída de um hexágono, cujos pontos opostos são ligados por linhas. A cruz e a pirâmide são amarelas, demarcadas em preto, e irradiam luz amarela através das finas linhas negras que desenham o cubo. O simbolismo solar é, naturalmente, forte demais em Tipharet, e alguns glifos eficazes foram elaborados sobre essa base. Uma criança "vestida com o sol" forma um glifo de grande força, mas é preciso algum talento artístico para tornar essa espécie de tratamento completamente eficaz. O aspecto de "rei" de Tipharet exigirá a figura de um rei imponente (que requer um desenhista hábil). No entanto, podemos encontrar muitas figuras ou desenhos adequados, que podem ser recortados ou copiados para formar a figura necessária.

Os glifos mágicos podem ter forma muito simples ou ser sofisticadas obras de arte. A única coisa essencial é que nenhuma parte deles jamais seja irrelevante.

Templos Sefiróticos

Cada sephirah pode ser considerada a "sede" de um tipo especial de energia ou modo de consciência. Cada um dos dez focos cabalísticos, pelo menos até certo ponto, foi formado pelas muitas inteligências que as utilizaram durante séculos na meditação e no ritual. Estas formas podem ser consideradas glifos tridimensionais ou grupos de símbolos complexos, dentro dos quais a inteligência pode penetrar e passear. Eles são chamados templos sefiróticos.

Somos animais construtores de formas e vivemos num mundo tridimensional. Portanto, nosso simbolismo é tridimensional em sua forma mais completa. Quanto à sua natureza, os glifos sefiróticos podem ser usados na contemplação e na meditação a fim de sintonizar uma força ou alcançar uma realização mental. Mas os templos sefiróticos são utilizados para *trabalhar com* as energias de uma esfera da Árvore. No trabalho convenientemente dirigido com sua forma, você pode estabelecer na sua imaginação os detalhes do templo e, então, penetrar na sua forma, contactar a sua força e utilizá-la.

O propósito de um templo é o culto, definido como adoração e reverência. Adorar é "olhar com o máximo respeito e afeição". Reverenciar alguma coisa (ou alguém) significa tê-la em grande estima e, no uso religioso, isso muitas vezes indica que o respeito é mantido por algo sagrado (que, por sua vez, significa "reservado" ou "dedicado" a algum propósito). De tudo isso, surgem as idéias de reserva, respeito e amor. Um templo sefirótico, se estabelecido adequadamente sobre níveis interiores, é um lugar reservado, consagrado ou posto de parte para uma finalidade especial. O amor e o respeito são modalidades de comunicação, meios pelos quais o amor e a honra inerentes a todos podem contactar e ser contactados pelos seus equivalentes cósmicos. Um templo é, portanto, um centro de comunicação, e cada um dos dez templos sefiróticos é dedicado a um tipo especial de comunicação.

Muitos pormenores dos templos sefiróticos são tradicionais e, de início, é aconselhável usar o simbolismo oficial. Mais tarde, quando tiver mais experiência, você poderá muito bem decidir desenhar uma série de símbolos que bem entender. Antes deveria sentir a sephirah com que está trabalhando e utilizar os ideogramas tradicionais com tanta intuição e simpatia quanto possa. Num trabalho experimental para instrução de um grupo, os adeptos podem traçar um templo de uma forma moderna, o que, para o cabalista reacionário, será assustadoramente incomum, e essa forma produzirá o seu efeito. Porque o adepto experimentou a força da esfera e tem um bom conhecimento do seu sentido interno, um templo pode ser construído mediante o uso de uma forma que transmita ao grupo a essência da sephirah representada. Por indução simpática, a força pode começar a fluir para a consciência através da imagem. Quando isso for efetivamente alcançado, a série de símbolos que compõem o templo se tornará real e viva para os membros desse grupo. Isso, no entanto, só é possível ao cabalista experiente.

Embora muito do seu trabalho inicial com os templos sefiróticos se concentre na técnica, há ainda uma oportunidade de que você obtenha certo grau de contato com os significados e energias da esfera em que está trabalhando. Por essa razão, é melhor escolher uma das sephiroth do pilar do meio para trabalhar, porque cada uma delas representa uma condição de equilíbrio e de relativa perfeição.

Como exemplo, descrevemos abaixo uma forma possível para um templo sefirótico para Yesod. Esses grandes postos de parada na Árvore normalmente são abordados por um dos caminhos. O trabalho no caminho é um assunto altamente especializado; por isso o próximo capítulo será dedicado a uma breve introdução a ele; portanto, por enquanto, você deve começar a construir a imagem do templo como se estivesse se aproximando dele a partir de algum ponto afastado.

Visualização do Templo de Yesod

Imagine-se de pé numa encosta, olhando para baixo na direção de um lago. É noite e uma lua crescente fulgura no horizonte, refletindo-se nas águas. No centro do lago, há uma ilha formada de rocha vulcânica acinzentada. Na ilha está o templo de Yesod. Ele tem nove lados e parece constituído de quartzo, surgindo da rocha cinzenta como um cristal gigante. As paredes são luminescentes com luz violeta e todo o templo se assemelha ao centro de uma imensa aura de cores irisadas que se irradiam para cima em perpétuo movimento em direção ao céu de anil.

Desça a encosta na direção da margem do lago, onde é visível o perfil de um barco de fundo chato. Vê-se vagamente, na popa, o vulto indistinto de um timoneiro. Embarque nele e o timoneiro fará a embarcação cruzar o lago, mantendo o rosto voltado ao contrário, como o lado escuro da lua. Quando a margem rochosa da ilha é alcançada e você pula para terra firme, o barco volta para a neblina e sua forma se perde de vista.

O templo de Yesod é o templo de Lavanah, a lua, e ergue-se em cima de uma chapada pequena e perfeitamente plana no centro da ilha. Aproximando-se dele, a vista é parcialmente ofuscada pela singular e deslumbrante opalescência das suas paredes, cujos ângulos e distâncias parecem mudar de maneira incrível. Parece não haver nenhuma entrada, mas a sua atenção é atraída por uma larga haste vertical de intensa luz violeta que assenta no chão rochoso e parece mais estável do que a forma cambiante das paredes. Olhando para cima, você verifica que a haste é, na realidade, a extremidade inferior de uma imensa espada apontada para baixo a fim de proteger a santidade do templo e empunhada pela mão de uma grande forma arcangélica. Os olhos, ofuscados pelo brilho e movimento das cores irisadas e sempre cambiantes que eclipsam o templo, pouco podem perceber. No entanto, tem-se a impressão de que o resplendor é a aura desse grande ser, Gabriel, Senhor da Chama, Doador da Visão, Anjo da Anunciação e Arcanjo de Yesod. As chamas violetas parecem emitidas agora pela lâmina da grande espada. Elas se encurvam à sua volta e o envolvem, e há uma sensação de que a sua alma está sendo examinada por dedos de fresca claridade. Se você é aprovado no teste, as chamas recuam, a grande espada gira sobre a sua ponta e o caminho para entrar no templo torna-se livre.

O interior é fresco e seco e iluminado por um fulgor violeta que parece emanar das paredes cristalinas. Está completamente vazio, exceto por uma coluna de pedra negra exatamente no centro. Essa pedra, que é o altar, tem cerca de um metro de altura e nove lados, como as paredes do templo. A parte superior é perfeitamente plana e sobre ela há uma grande pedra lunar, apoiada numa base de prata. O ar é embalsamado por um perfume de jasmin. Quando você fica de costas para a entrada, percebe uma acentuada atração em direção ao altar. Você atravessa com dificuldade o piso regular de rocha cinzenta, mantendo mal e mal o equilíbrio, e tem a estranha impressão de que formas semimaterializadas estão fazendo o templo mover-se em espiral, atraído para o grande centro da pedra do altar.

Alguns desses fantasmas rarefeitos são semelhantes a animais; outros são geométricos, outros humanóides, e há os que são uma combinação dos três. Quando você se aproxima do altar de pedra negra, a força dele cresce e você se sente movido em espiral para o lado esquerdo do altar e na direção dele, terminando, finalmente, no lado oposto à pedra, de frente para a entrada do templo e olhando ao fundo a grande pedra lunar na parte de cima do altar.

Há um silêncio total: um silêncio tão profundo que parece impossível que possa existir um som. Você põe as mãos uma ao lado da outra, com as palmas para cima, sobre a parte de cima do altar, e imediatamente percebe uma complexa vibração. Muito absorvido a princípio na própria sensação, posteriormente você percebe que a sensação que experimenta por fora movimenta-se imperceptivelmente por dentro e torna-se parte do seu eu interior. E, com essa percepção, vem uma consciência mais profunda dos elementos e da harmonia da experiência que ocupa nesse momento todo o seu espectro de vida. Este é o significado do templo da lua. A natureza essencial de Yesod está condensada nesta experiência. Há ritmos lentos e profundos pulsando como um enorme coração. Notas graves de órgão, grandes acordes de sentimentos, sons como o fluxo e refluxo das marés. Outros são como o repique de muitos sinos. E tudo isso num conjunto de grande harmonia, dentro da estrutura desse ritmo fundamental e profundo, a pulsação viva do universo.

Quando a experiência passa com ímpeto sobre você, você ergue os olhos e, por um momento, dá-se conta da vastidão do espaço e do tempo. Vê as estrelas movendo-se com um propósito inteligente no infinito do vazio cósmico, e sua experiência é orgânica e não intelectual. Atlas, o Titã, sustenta o mundo que gira e o cosmo é o corpo vivo de Adão Kadmon.

A experiência continua a intensificar-se, mas você baixa os olhos. Você viu tanto quanto pôde suportar neste momento. Mais tarde, pode voltar novamente. Mentalmente, você agradece pela experiência e caminha em torno do altar para a esquerda e cruza o espaço do templo rumo à entrada. Embora ainda vigorosamente consciente da força em espiral e das inumeráveis formas nela surgidas, você sente uma resposta interior ao propósito do templo e segue, sem dificuldade, o seu caminho. A lâmina da espada afasta-se para o lado e você sai do templo.

Ao descer através das rochas para a margem do lago, você vê o barco sombrio se materializar na névoa. Embarca nele e o timoneiro espectral o leva rapidamente de volta para a margem distante. Você sobe a encosta, lança um olhar para o templo – por trás do qual a lua agora declina – e despede-se mentalmente dele. A visão se desvanece e você volta ao seu lugar em Malkuth.

Deve-se frisar que esta visualização é apenas uma das muitas formas possíveis para este templo. No entanto, ela demonstra efetivamente alguns dos princípios básicos implícitos numa construção destas. Você deveria analisar a forma e a descrição que a acompanha e procurar definir para si mesmo esses princípios.

Capítulo 5

Os Caminhos Cabalísticos e suas Atividades

Se as sephiroth são estados de ser, então a consciência, como instrumento de percepção desses estados, precisa mudar a fim de atuar em cada nova condição. Os caminhos simbolizam a mudança de que a consciência necessita para perceber e funcionar numa dimensão diferente.

Cada caminho une duas sephiroth. O início de um caminho participa da natureza da sephirah que lhe dá origem, enquanto o seu fim é condicionado pela esfera a que ele se liga. Usando a analogia da cristalização, o estado inicial do líqüido é fluido, enquanto o penúltimo estado tende para o sólido. Ambos os símbolos, primário e secundário, se associam a cada caminho.

Símbolos Primários

Os símbolos primários encarnam as principais características de um caminho. Há três desses símbolos: um dos vinte e dois trunfos do tarô; uma das vinte e duas letras hebraicas; e um signo zodiacal, planetário ou elemental.

Trunfos do Tarô

A origem das cartas do tarô é incerta e é objeto de muita especulação. Basta dizer que essas figuras antigas e curiosamente evocativas são tradicionalmente atribuídas à Árvore. Muitos ocultistas foram educados, por assim dizer, para encará-las como parte integrante do simbolismo cabalístico. As cartas menos importantes do baralho do tarô são atribuídas às próprias sephiroth, mas nosso interesse aqui é pelo chamado Arcano Maior, os trunfos do tarô.

Cada caminho é uma série contínua de símbolos: primário, secundário e "conectivo", que normalmente começa num templo sefirótico e termina no segundo templo sefirótico. O trunfo do tarô liga o primeiro templo ao caminho adequado. Ele sintetiza, num glifo, a essência do significado do caminho e as forças que atuam nele. O simbolismo do tarô é um tema especializado e está fora do campo de interesse desta obra. Há muitas maneiras diferentes de usar o simbolismo no trabalho dos caminhos, num ritual e na adivinhação. Contudo, as imagens são tão ricas e evocativas que eu o aconselho a adquirir um livro apropriado sobre o assunto assim como um baralho de cartas do tarô para seu uso pessoal. Uma leitura tranqüila e ponderada sobre o simbolismo das cartas fará um bem maior do que o exercício formal sobre o asssunto, nesta etapa. Provavelmente, o melhor livro para o estudioso é *The Tarot* (O Tarô), de Paul Foster Case, publicado pela editora Macoy. Outro livro útil é *The Royal Road* (O Caminho Real), de Stephan A. Hoeller, publicado pela Theosophical Publishing House. Quanto aos baralhos de tarô, existem muitos. Um dos mais conhecidos é o de Rider, mas a escolha do baralho é uma questão muito pessoal, e é sempre aconselhável que você mesmo descubra o mais atraente.

Letras Hebraicas

Atribui-se cada uma das vinte e duas letras hebraicas a um caminho. A primeira letra, Aleph, pertence ao primeiro caminho (11º) e a última, Tau, ao último caminho (o 32º). Cada letra é um ideograma. Por exemplo, a letra Daleth (4) significa "uma porta", e Shin (300) representa um dente ou uma presa de serpente. Diz-se que cada letra tem uma significação divina, tem um poder em si mesma. A Bíblia significava literalmente isto para os antigos hebreus. Cada letra continha em si um poder da Respiração de Deus, por assim dizer. E o valor numérico de uma letra (não havia símbolos específicos para os numerais) era tido como portador de significado dentro de uma grande numerologia cósmica (ver Quadro I na página 32).

Andar na imaginação pelos caminhos da Árvore – quer trabalhando sozinho, quer com os membros de um grupo ou ritualmente – é o que se chama exercer as "atividades do caminho". O trunfo do tarô dá a tônica do caminho e vem logo no início, enquanto a letra hebraica se encontra no ponto médio da viagem e representa o centro das forças do caminho.

Os Signos

No decorrer do seu uso por místicos e magos através dos tempos, a Árvore reuniu em torno de si muitos sistemas de símbolos. Entre estes, as imagens da alquimia e da astrologia fornecem o terceiro e último dos símbolos primários. Os doze signos zodiacais, os sete planetas (Saturno, Júpiter, Marte, Sol, Vênus, Mercúrio e a Lua), assim como os símbolos alquímicos de ar, fogo e água, constituem uma série de vinte e dois símbolos, um para cada caminho. Cada um desses símbolos é fértil em imagens e evocativo de idéias.

Muitos estudiosos de astrologia aprenderam que alguns signos astrológicos e planetas são maléficos. A filosofia da Árvore requer que o estudioso compreenda o significado real do chamado símbolo nocivo, pois, quando ele é compreendido, deixa de ser uma influência maléfica. O signo vem no fim do caminho e tradicionalmente é encontrado antes que se consiga alcançar o templo sefirótico seguinte. Convenientemente compreendido, ele representa a soma da influência do caminho sobre o estudioso que verdadeiramente o trilha, não simplesmente em meditação.

Símbolos Secundários

Os símbolos secundários compreendem aquilo que se pode chamar a flora e a fauna do caminho – condições e figuras simbólicas tradicionalmente associadas, tais como pedras preciosas e perfumes. Um caminho na Árvore não é como uma estrada real, com os três símbolos principais dispostos simetricamente nela. Mais exatamente, ele tem a continuidade das imagens naturais, servindo os símbolos secundários para sintonizar a mente no sentido da realização dos três grandes símbolos primários, com outra descrição conectiva servindo para reunir o todo numa única experiência que se desdobra continuamente. Os símbolos secundários principais são seis: animais, plantas, pedras preciosas, cor, condição e perfume. Uma sétima série de símbolos, as "armas mágicas", estão além da esfera de interesse de uma simples introdução como a presente.

O estudioso deveria sempre se lembrar de que, como o simbolismo sefirótico, a tradição é um bom criado, mas um patrão limitante e coator. Isso se aplica especialmente aos símbolos secundários do caminho. Se um símbolo não lhe agrada, não o use. Um exemplo de uma série de símbolos para um caminho pode ajudar a ilustrar isso:

Caminho 25	*O deserto*	*(juntando Yesod e Tipharet)*
Símbolos Primários:	Trunfo do tarô:	Temperança (nº 14)
	Letra hebraica:	Samekh (um pilar – valor 60)
	Signo:	Sagitário (um signo de fogo)
Símbolos Secundários:	Animal:	Centauro, cavalo, cão
	Planta:	O junco
	Pedra:	Jacinto
	Cor:	Azul
	Condição:	Quente e seco
	Perfume:	Aloés

Evidentemente, em torno dessa base poder-se-ia construir um grande número de descrições de caminhos satisfatórios. A mais satisfatória seria, no entanto, a que evocasse de um modo mais forte e simples o espírito essencial do caminho. As atividades do caminho agem sobre a psicologia do *operador*; é superstição pensar de maneira diferente. Mas, se o simbolismo realiza o seu trabalho, então os níveis inconscientes da mente podem por si mesmos contatar as forças macrocósmicas do caminho.

Concluir esta breve introdução aos caminhos da Cabala é um exemplo de uma forma simples do 32º caminho. É importante observar que, se seguimos um caminho qualquer, quer sozinhos em imaginação, quer num trabalho de grupo, *devemos* realizar um retorno adequado à sephirah em que o caminho teve origem. O fracasso na realização de um retorno adequado, seguido de um pleno e consciente restabelecimento no universo físico, pode redundar em dissociação psicológica, um estado perigoso e incapacitante.

A atividade do caminho é essencialmente uma combinação de disposição de ânimo. Antes que o caminho seja trabalhado em meditação, ele deveria ser estudado duas vezes na velocidade normal, depois duas vezes mais, porém devagar. O estudante deveria construir com cuidado as cenas descritas no texto. Só quando estiver inteiramente familiarizado tanto com a seqüência como com os detalhes, deveria tentar o trabalho "vivo".

Visualização do 32º Caminho

(Nota: É provável que a viagem seja melhor conduzida com um companheiro invisível – um guia imaginário – cuja presença é sentida, mas não vista.)

Temos a impressão de estar nas profundezas da Terra. Lentamente no começo, desenvolve-se em torno de nós o contorno de uma ampla caverna de paredes rochosas e um chão de terra batida, formando uma área cúbica do tamanho aproximado de uma sala razoavelmente espaçosa. Do centro do chão ergue-se uma coluna de granito quadrada até mais ou menos a altura da cintura e com uma superfície plana no topo, com aproximadamente uns trinta centímetros de lado.

Este é o templo de Malkuth. No alto da coluna, que é um altar, está uma velha candeia com uma chama pequena mas constante. Ao lado da candeia há um prato fosco com um pedaço de cristal de rocha cujas facetas refletem a luz da candeia.

Entre o lado oposto do altar e a parede oriental do templo, há um trono de madeira de forma antiquada, curiosamente entalhado. Está desocupado. Na parede oriental por trás do trono, pende uma grande tapeçaria representando a figura em tamanho natural de uma mulher que dança, nua, exceto por um véu esvoaçante que lhe cobre as coxas. A figura é emoldurada por uma grinalda de folhas de louro. A mulher carrega dois bastões em espiral, um em cada mão. As espirais giram em direções opostas e lembram as duas forças complementares que são as bases da humanidade e do universo. Nos cantos da tapeçaria, estão desenhadas as cabeças das quatro criaturas vivas sagradas. No canto superior esquerdo, está a cabeça de um homem; no lado superior direito, a cabeça de uma águia; à direita, embaixo, está a cabeça de um leão; e, no canto inferior esquerdo, a cabeça de um touro. Estes são os equivalentes, num plano superior, dos quatro elementos alquímicos – ar, água, fogo e terra –, que, juntos, formam a base de Malkuth, o reino. Na parte inferior do desenho, como uma letra "n" antiga, está a letra hebraica "tau", cuja influência rege o 32º caminho. Esta representação do 21º trunfo do tarô tem a seu respeito uma realidade irrecusável que ocupa a nossa atenção por um certo tempo.

De repente, a luz da caverna torna-se mais brilhante. A chama da luz do altar vai aumentando a cada segundo e é circundada por incontáveis partículas dardejantes de intensa luz multicolorida. São as formas exteriores do Ashim, as almas do fogo, as energias interiores da esfera de Malkuth. A chama alcança agora o teto rochoso da caverna, que parece desvanecer-se, revelando a aveludada escuridão de um céu azul salpicado de estrelas. As sete estrelas da Grande Ursa cintilam friamente no vazio e, enquanto as contemplamos, a chama ascende ao infinito do espaço e parece, por um momento, juntar-se a Poláris, a Estrela Polar, que brilha diretamente sobre a caverna.

Há uma impressão, rápida mas intensa, da unidade de todas as coisas e da força do mundo interior de Malkuth. Estamos também conscientes da presença de um ser e nos damos conta de estarmos na presença do arcanjo de Malkuth, Sandalphon. Mentalmente agradecemos a esse grande ser e pedimos a sua proteção no caminho.

A luz diminui lentamente e perambulamos pelo lado esquerdo do altar e, ao passar por trás do trono, paramos diante da grande tapeçaria.

A um exame mais minucioso, o desenho revela ter sido composto de inúmeras linhas horizontais de luz modulada, mais parecido com a imagem de uma tela de televisão. Dessa posição é possível compreender o desenho e há a vaga impressão de uma arcada por trás dele. Sentimo-nos atraídos a atravessar a tapeçaria até essa arcada que assinala o início do caminho. Avançando em direção ao desenho e atravessando-o lentamente, sentimos como se as muitas linhas de luz de que ele se compõe estivessem atuando como uma espécie de peneira ou filtro. O que aparece no outro lado do véu são os aspectos mais espiritualizados de nós mesmos; os aspectos físicos mais grosseiros foram deixados para trás. Sentimo-nos mais vivos, o corpo mais leve e o espírito mais lúcido. Neste momento, estamos dentro da arcada, no início do 32º caminho.

O caminho em frente está completamente escuro. A única luz, que é muito tênue, vem da tapeçaria, que agora está atrás de nós. Caminhando com cuidado para a frente, nossos pés sentem um caminho liso de rocha, que, descendo, leva para fora do templo de Malkuth. Agora está inteiramente escuro, embora o céu em cima não esteja escuro, mas profundamente anilado; e, olhando para baixo, vemos que nossos corpos estão circundados por uma débil luz acinzentada e turva. Prosseguimos nosso caminho seguindo estas luzes, as nossas próprias luzes.

O ar é seco mas frio, e o caminho torna-se mais íngreme. Sob os pés há agora rochas ásperas e, por vezes, seixos perigosamente soltos. Em ambos os lados do caminho, as paredes de rocha começam a se aproximar de nós até que, por fim, podem ser tocadas pelas nossas mãos estendidas, e o céu é apenas uma estreita frincha de intenso anil lá no alto.

Continuamos a lutar na descida do caminho aparentemente sem fim, tropeçando nas pedras e escorregando nos seixos até que, depois do que parece ter sido uma eternidade, o caminho parece menos íngreme e mais suave. As paredes de rocha recuam lentamente, e repentinamente o caminho se aplaina e alarga e nos encontramos na entrada de um pequeno platô cercado de rocha.

Agora há luz suficiente para que se veja. Parando por um momento, vemos diante de nós um bosquete de carvalhos cobertos de hera. Caminhamos na direção das árvores e, ao entrar no bosque, ouvimos o distante mugido de um touro. As árvores são nodosas e velhas e, ao passar por elas, sentimos o peso das eras pesando sobre nós como se tudo estivesse congelado num momento eterno do passado.

A luz, nesse momento, é mais brilhante ao nos afastarmos das árvores em direção ao centro do platô, mas uma nuvem de névoa paira sobre nós e nos impede de descobrir a fonte da luz. No centro da terra coberta de rocha da clareira está um cipreste alto e solitário; seus galhos têm um brilho branco prateado dentro da luz que se irradia diretamente de cima dele, formando um halo na sua passagem através da tênue neblina. Nada se move. Lentamente, a luz fica mais intensa; continuamos olhando para a árvore.

Pouco a pouco se apossa de nós um sentimento como se uma imensa e silenciosa presença, o espírito deste lugar, fosse aos poucos se concentrando na área em volta do cipreste e de nós. A luz também está mudando de forma, e agora parece focalizar a árvore e o espaço em torno dela; tudo mais está mergulhado em profunda escuridão.

A consciência da presença cresce em nós, como se estivéssemos sendo envolvidos num manto de eternidade. O passado, o presente e o futuro se fundem num só tempo e numa única magnífica certeza. No auge dessa experiência, erguemos nossos olhos para a fonte de luz e vemos então o seu ponto de origem, uma enorme imagem da letra hebraica "tau" no alto da escuridão anilada do céu sobre as nossas cabeças. A letra assemelha-se mais a um pequeno "n", ardendo com uma suave radiação branca.

A experiência aos poucos diminui de intensidade e o símbolo Tau paulatinamente desaparece no céu.

Tornamos a caminhar. A extremidade longínqua do platô dá para um caminho amplo e suavemente inclinado que leva para baixo. Acima da nossa cabeça, o céu agora está repleto de estrelas que lançam uma pálida luz sobre a estrada suave e acessível em frente. O caminho então se aplaina para em seguida subir suavemente. À nossa frente está uma cordilheira pouco elevada, com seu cume escuro cercado por uma tênue luz prateada. Subimos lentamente a suave encosta em direção à luz cujo brilho aumenta. Nossos olhos, ofuscados pelo extraordinário fulgor, estão confusos, mas, pouco antes do cume, a figura do velho deus Saturno – mais sob a forma do Velho Pai Tempo com a sua foice – parece estar no caminho à nossa frente. À medida que alcançamos o alto da cordilheira, ele desaparece.

Diante de nós o terreno declina na direção das margens de um lago. A lua crescente paira sobre uma ilhota rochosa que existe no lago. Na ilha está o templo de Yesod, uma construção de nove lados, feita aparentemente de cristal. Brilhando com luz própria – uma radiação violeta –, envolve-a a aura de um ser enorme, cujas asas abertas enchem o céu à nossa frente. Esta é a visão do arcanjo de Yesod, Gabriel.

Detemo-nos por um instante, procurando absorver a beleza e a força da cena. Chegou, no entanto, a hora de partir e, depois de saudar Gabriel, nos voltamos e iniciamos a viagem de volta.

O caminho agora é mais fácil e rapidamente descemos a encosta da serra e subimos a suave vertente que leva ao platô. A luz é mais intensa, em parte devido talvez à claridade do céu estrelado, em parte devido à crescente luz irradiada pelo nosso corpo. Cruzando rapidamente o platô, passando pelo imóvel e silencioso cipreste e atravessando o bosque de carvalhos, começamos a difícil escalada de volta ao templo de Malkuth. No entanto, agora isso também é mais fácil e com pouca dificuldade conseguimos vencer a escarpa ascendente.

Em pouco tempo, estamos novamente fora do templo. Atravessamos um por um os véus e nos colocamos diante do altar. A chama da candeia rapidamente se avoluma, como se nos reconhecesse, e silenciosos damos graças pela nossa feliz viagem.

Quando, em silêncio, nos postamos diante do altar, o templo de Malkuth parece desaparecer gradativamente e voltamos à plena consciência do plano físico.

[Fim do Caminho]

Capítulo 6

Cosmogonia

Consideramos antes a evolução, usando as dez sephiroth como uma espécie de "fluxograma" para representar as origens, a evolução e o resultado final. Examinaremos agora o processo com um pouco mais de detalhes. Discutiremos brevemente a concepção de evolução e finalidade. Sugeriu-se que a humanidade e o universo estão se desenvolvendo a partir de um estado simples e não coordenado no sentido de uma perfeição bastante desenvolvida. A cosmogonia é o estudo deste processo.

Precisamos considerar toda a questão das origens e da evolução. Não se trata apenas de uma interessante especulação filosófica, mas dos fundamentos da teoria e da prática ocultista. Sem esse conhecimento e sem as idéias básicas que surgem dele, o ocultismo é mera superstição. Não compreendam mal, portanto, o que vamos tentar fazer. Não iremos oferecer-lhes a "verdade" sobre o começo e o fim das coisas! Ninguém pode fazê-lo. Mesmo se conhecêssemos todos os detalhes, o processo estaria fora do alcance de transmissão das palavras e da capacidade de assimilação da inteligência. À medida que avançarmos em entendimento, a nossa compreensão crescerá. A explicação que darei parece ter sentido e proporciona uma visão razoável da maneira prática de como funciona o ocultismo; mais do que isso não podemos aprender no momento.

A questão das origens é muito abstrata. Quando falamos da Árvore da Vida, relacionamos Kether com esta idéia. Mas Kether é apenas um símbolo cujo único fim é ajudar-nos a tratar de um conceito muito abstrato. É muito fácil supor que, se conhecemos as palavras, compreendemos a idéia. Não é assim. As palavras são apenas símbolos da idéia que está sendo apresentada. As palavras destinam-se a representar imagens no espírito, jamais a representar processos reais. No entanto, realizam um importante trabalho porque nos ajudam a lidar com conceitos que, de outro modo, seriam impossíveis de imaginar.

Nós, ocidentais, desenvolvemos em alto grau a nossa inteligência, mas de uma forma muito limitada. Ensinaram-nos a crer que a nossa capacidade mental pode ser julgada pela complexidade das idéias que podemos manipular e pela capacidade que temos de fazer ginásticas mentais. Os mistérios das origens e fins devem ser esmagadoramente simples. Todavia, palavras grosseiras com associações tridimensionais são tudo o que podemos usar. Desse modo, podemos ver que precisaremos dar um descanso à nossa mente e deixar que as idéias penetrem nelas em vez de tentar "compreendê-las". E não confundam o símbolo com a coisa que ele deve representar.

Como os conceitos que iremos examinar não podem ser descritos com facilidade, o melhor é ler um parágrafo e depois procurar sentir o que foi descrito. Não faça força. Se necessário, releia o livro. As descrições utilizadas destinam-se mais a treinar a mente do que a fornecer-lhe informações.

Os registros dos processos ou acontecimentos partem normalmente do início. As mentes ocidentais estão condicionadas a pensar por opostos. Assim, se há um "fim" em algo, deve haver (pensamos nós) um "começo"; se há um "futuro", deve haver um "passado", enquanto o "agora" está em algum lugar no meio. Isso, porém, é apenas um exemplo das limitações da inteligência que extrai toda a sua experiência do restrito mundo tridimensional em que estamos concentrados. Pensamos em linhas retas, começando "aqui" e terminando "ali".

Para compreender as idéias deste capítulo, você precisa se exercitar a pensar em círculos e espirais. Os círculos não têm começo nem fim, mas um ciclo de ida e volta. Assim, sempre que somos forçados a usar as palavras "começo" e "fim", lembre-se de que são apenas termos relativos, usados simplesmente para tratar do assunto que estamos examinando.

Nas páginas seguintes, continuaremos a nos servir do sistema de símbolos cabalísticos para representar idéias impensáveis! Tente formular suas próprias idéias sobre os assuntos examinados. Uma idéia original vinda de você vale mais do que duas apresentadas por outra pessoa. Este livro pretende ser um guia e um estímulo à sua criatividade, não um instrumento para persuadi-lo seja lá do que for.

Comecemos pensando grande e imaginando o desenvolvimento do universo. Temos agora que começar, de algum modo, a agir, de modo que imaginemos que este ciclo particular que chamamos universo está começando; estamos neste ponto do círculo.

Zero – Nada

O ciclo anterior acabou e o novo ciclo ainda não começou. Congelamos a imagem a fim de examiná-la. Assim, que espécie de estado encontramos? Do ciclo anterior não restou nada, porque terminou; e não há nada para se ver do novo ciclo, porque ele ainda não começou. De modo que temos uma condição que deve conter, de alguma forma, o velho ciclo ao mesmo tempo que todo o potencial para o novo ciclo.

A nova fase tem, no entanto, que se originar de algo, não é verdade? Contudo, esse estado entre os ciclos não pode ser "alguma coisa", porque não há, até agora, nenhuma "coisa" para "ser". O universo não pode sair do nada, porque deve ter havido algo antes dele. Assim, ele deve resultar da não-*coisa*. Esta condição pode ser chamada de estado não-manifesto.

Esta é uma idéia vital, de modo que vale a pena considerar o que ela implica. Em primeiro lugar, este "não-manifesto" não existe; ele é não-existente! Se não existe, não pode ter nenhum atributo; portanto, é imutável. Deve, assim, ser a coisa mais estável que existe. De fato, deve ter a estabilidade suprema. Mas "contém" o passado e também todas as possibilidades futuras; deve, portanto, ser infinitamente poderoso.

Para que pudéssemos imaginá-lo, ele teria de possuir qualidades; mas, se tivesse qualidades, seria manifesto, o que ele não é. Por conseguinte, deve ser inimaginável. Como não tem nenhuma qualidade, deve representar para a nossa mente a não-existência.

Lembre-se novamente da citação bíblica: "Eu sou o alfa e o ômega, o começo e o fim, disse o Senhor; isto é e foi e será; o onipotente." Agora essa citação deve ter para você um significado mais profundo do que antes.

Se numerarmos as fases do desenvolvimento do universo, então esse estado não-manifesto tem que ser representado por zero. A maioria dos ocultistas acredita que evoluímos paralelamente ao universo. Se isso é verdade, a conseqüência é que em cada um de nós há uma parte recôndita que é não-manifesta. "Assim em cima como embaixo."

Olhemos agora o diagrama da Árvore da Vida. Acima de Kether estão os três véus; negatividade, o ilimitado e a luz ilimitada. Esses véus, dos quais se manifestou toda a árvore, representam zero, o estado não-manifestado, a não-existência. Desse modo, eis aqui a nossa primeira correlação com o simbolismo da Cabala:

O Estado Não-manifesto = Os Três Véus da Árvore.

Espero que você tenha achado útil este exercício nada habitual de esforço mental. Ele é importante por duas razões. Primeiro, a não-manifestação é por si só um princípio básico. Segundo, é um exemplo de como, admitindo estender as palavras comuns além dos seus limites habituais e raciocinando de um conceito para outro, podemos iniciar o processo de ampliação da inteligência e atingir maior compreensão. Esta é a base do pensamento abstrato.

Mantenha o diagrama da Árvore ao seu lado para consulta. Usando a mesma espécie de descrições de antes, podemos prosseguir nossas investigações.

Unidade – o Ponto

Se damos à condição não-manifesta o valor zero, base de toda a existência, o primeiro momento da vida do novo universo deve ser considerado "um".

Imagine um centro no interior de uma condição não-manifesta. Se se lembrar da sua geometria escolar, recordará que um ponto tem posição, mas não tem dimensão. Desse modo, os primeiros alvores da criação ainda não são "reais" para a nossa mente, porque não há nada com que possamos realmente nos ocupar; um ponto não tem nenhuma grandeza.

Imagine toda a vastidão, poder e beleza do universo futuro concentrado num ponto que não tem tamanho – simplesmente uma posição no vasto oceano de coisa nenhuma. Usando a Árvore como um glifo do desenvolvimento do universo, essa condição do ponto primordial é atribuída a Kether, a coroa, a primeira sephirah. Assim, eis a segunda correlação com a Cabala:

> O Primeiro Ponto da Criação = Kether, a Coroa, a primeira Sephirah.

Dois – a Linha

O ponto é a primeira apresentação do universo, embora não possamos compreendê-lo, exceto simbolicamente; ele não tem forma. Os ocultistas sustentam que a dualidade é uma necessidade antes que possa ocorrer a manifestação de qualquer coisa; são necessários dois para dançar um tango.

Na fase seguinte, portanto, é introduzido um segundo fator: o movimento. O ponto se move e gera uma linha, uma figura unidimensional. Lembre-se, no entanto, de que o ponto era simplesmente um centro em nenhuma-coisa; portanto, nenhuma-coisa se moveu. Esse encompridamento do ponto numa linha, este grande brado, "Faça-se a Luz", é chamado pelos Cabalistas de Chokmah.

> O Primeiro Movimento, a Linha = Chokmah, a segunda Sephirah.

Três – o Círculo

O não-manifesto não tem propriedades; portanto, não pode ter inércia. Desde que o ponto se moveu, ele continuou se movendo. Mas toda ação gera reação, de modo que o movimento produziu uma influência contrária e esta pode ser imaginada como atuando nos ângulos retos do trajeto original. O resultado disso foi que a linha traçou uma ligeira curva, deixando um enorme caminho curvo na não-coisa. Finalmente, o circuito se completou e deu origem a um círculo gigantesco, inimaginável para a nossa inteligência.

Este foi o primeiro limite, a primeira demarcação, o primeiro sinal do primeiro estágio da primeira idéia da primeira forma bidimensional. Esta condição é chamada de cosmo circular. É o fim da primeira fase da criação. O não-manifesto deu à luz um filho. Esta é a maternidade primordial e é atribuída a Binah.

> O Círculo, a Primeira Idéia de Forma = Binah, a terceira Sephirah.

Quatro a Seis – a Esfera

Imagine o cosmo circular, um imenso círculo, girando num ritmo inalterável por eras e eras. No entanto, como vimos, nada permanece estático para sempre na evolução. De novo, uma ação provoca uma reação. As próprias forças que deram origem ao círculo devem suscitar reações. Quando o círculo gira, seu movimento atrai para si mais espaço não-manifesto. Finalmente, o círculo que gira transforma-se num disco giratório.

Por outro lado, essa situação persiste durante muito tempo e torna a gerar outra força, mas esta é espetacular! Como reação ao giro do primeiro círculo – o cosmo circular – gera-se um segundo círculo nos ângulos retos e "fora" do primeiro círculo. Este novo elemento é chamado de caos circular.

Novamente a lei de ação e reação passa a operar. Os dois círculos exercem ação mútua. O cosmo circular, o primordial, é atraído na direção do caos circular, mais recente, e adquire um movimento secundário. O cosmo circular giratório agora gira sobre o seu eixo e se converte numa esfera giratória. Este novo limite tridimensional é chamado o círculo que não se ultrapassa.

Os três grandes círculos – o cosmo, o caos e o círculo que não se ultrapassa – são as forças primordiais deste universo e *todas* as influências podem remontar a elas. Funcionalmente, elas agem como uma unidade. Juntas, constituem a estrutura fundamental do universo, a trindade primordial, o três em um.

Não se esqueça, porém, de que a humanidade, como dizem, evoluiu com o universo. Assim, essas enormes forças não são estranhas a nós. "Assim embaixo como no alto." Nossa natureza mais íntima é limitada pela mesma espécie de estrutura, em ponto pequeno, que a do próprio universo.

Na sua totalidade, o universo às vezes é chamado de cosmo, de uma palavra grega que significa "magnífica ordem". Contrasta, assim, com outro termo grego com o significado de "informe" ou "sem ordem".

O desenvolvimento do círculo primordial (a primeira idéia de forma) foi simbolizado pelos véus, dos quais surgiu a criação – Kether, o ponto, Chokmah, a linha, e Binah, o círculo. Estas três sephiroth formam o primeiro triângulo da Árvore. Abaixo destas três primeiras esferas, é traçada uma linha. Esse marco divisório é chamado de abismo. Acima dele existem condições tão abstratas que são incompreensíveis para a inteligência humana. Considerando a ginástica mental que teve de fazer nos parágrafos precedentes, provavelmente você concordará. Pois, lembre-se, ao "explicar" o começo das coisas, eu estava apenas me servindo de símbolos. Os símbolos permitem que você lide com o impensável para adquirir compreensão. Os símbolos, entretanto, *jamais devem ser confundidos com a realidade* que representam. São apenas instrumentos.

Ora, com o desenvolvimento da esfera, estamos abaixo do abismo. As coisas ainda são muito abstratas, mas pelo menos se assemelham a algumas das coisas que conhecemos. Chesed e Geburah representam o aspecto de forma e força do desenvolvimento da esfera e são transformados em Tipharet, a sexta sephirah que representa a conclusão desta fase.

A Estrutura dos Começos Tridimensionais = Chesed, Geburah e Tipharet, a quarta, quinta e sexta Sephiroth.

Sete a Nove – Forma

A esfera giratória com os seus três componentes fundamentais é agora uma estrutura bem complexa. Portanto, não é de surpreender que a constante interação das forças fundamentais dê origem a novas forças, mais complexas. A tradição diz que essas interações e sua repetição criaram, finalmente, a base da forma tal como a conhecemos.

Algumas das forças recentemente criadas são importantes para a nossa compreensão do ponto de vista ocultista sobre a vida e a forma; devemos, portanto, dar-lhes algum espaço. Primeiramente, a interação dos três grandes círculos primordiais – o cosmo, o caos e o que não se ultrapassa – dá origem a uma série de raios dentro da esfera. Esses raios são enormes correntes de força que ligam o centro à circunferência. Podemos imaginá-las como grandes movimentos em forma de oito, semelhantes a correntes de convecção bastante organizadas num líquido aquecido. Esta fase das grandes forças circulatórias do universo pode ser simbolizada na Árvore por Netzach.

Em seguida, lembre-se de que a esfera é formada realmente por um disco giratório. Ora, quando um disco gira, as forças impelem os componentes mais pesados para fora; de fato, elas se posicionam entre o centro e a circunferência, que depende da sua massa. Assim, a composição da esfera não é uniforme, mas disposta em "camadas". Essas camadas são planos cósmicos. Essa fase do desenvolvimento, a organização da pré-matéria, consideraremos igual à oitava sephirah, Hod.

Atravessando os planos, os raios reagem de maneira diferente segundo a densidade dos planos; e, dessa forma, gera-se um novo conjunto de forças. Da complexidade dessas interações desenvolveu-se a base do que denominamos "forma". Ela ainda está muito longe do sólido, mas a estrutura pelo menos está nela!

Essa interação de raio e plano forma o "plano astral" do novo universo. É um domínio de forças e pré-formas débeis, simbolizado na Árvore da Vida por Yesod.

A Estrutura da Forma = Netzach, Hod e Yesod, a sétima, oitava e nona Sephiroth.

Dez – a Matéria Densa

Finalmente, as interações cada vez mais complexas entre as forças recém-formadas do plano radial dão origem a formas cada vez mais complexas. O resultado final deste processo é a "matéria" tal como a conhecemos. Do modo que usamos a Árvore para esta análise, Malkuth é a sephirah adequada para representar a matéria densa.

O Universo da Matéria = Malkuth, a décima Sephirah.

Grandes Entidades e Centelhas Divinas

Há uma organização semelhante da matéria dentro de cada um de nós. Damos ao nível mais denso o nome de corpo físico. E, no centro, está a imobilidade fundamental, o núcleo do âmago do nosso ser.

Imagine um ponto no tempo depois da formação do cosmo. Unidades de vida, núcleos de energia inteligente movem-se agora no interior das vastas correntes do cosmo. É possível imaginar que algumas delas têm experiência nas fases cósmicas anteriores; outras são apenas recém-geradas. As primeiras são conhecidas como "grandes entidades". Com a sua maior "massa" atraíram vidas inferiores, e essas "centelhas divinas" permanecem dentro da aura de uma grande entidade pelo restante dessa fase cósmica.

Considere uma destas grandes entidades, uma entidade bastante "antiga" para ter experimentado todas as fases do ciclo cósmico atual. Tendo registrado todos os estímulos externos, ela entra agora numa fase subjetiva, um período de organização interna. A base cósmica agora é habitual, tendo se tornado parte do Seu ser. Não há, assim, nada do que se ter consciência: tudo é subjetivo; a grande entidade é consciente de Si mesma.

O processo de consciência de si mesma desenvolve um circuito sujeito-objeto, criando uma imagem da sua própria consciência. A consciência da grande entidade, sendo condicionada pelo cosmo, gera como sua auto-imagem uma réplica do cosmo em miniatura. Dentro desse sistema, estão as centelhas divinas, que, percebendo a estrutura da imagem, atuam dentro dela, explorando suas possibilidades e reagindo às suas restrições. Este processo dá à imagem um grau de objetividade. Mediante suas reações, as centelhas evoluem. Do que foi dito, ver-se-á que:

1) As vidas inferiores servem à vida superior, enquanto elas próprias evoluem.
2) A grande entidade, embora sendo o criador e arquiteto do seu próprio sistema, *não* foi o criador das vidas inferiores – as centelhas. Estas últimas, ainda que de estatura quase infinitamente inferior, foram da mesma origem e tipo da grande entidade.
3) Tudo evolui dentro do cosmo; nada é estático.

Estas considerações constituem a base de muitas das teses ocultistas. Trata-se, naturalmente, de simples analogias daquilo que está além da descrição. Ademais, são hipotéticas; podem ser "verdadeiras" ou não.

Entre as grandes entidades existe uma que é o criador, condicionador e sustentáculo deste nosso sistema solar, e que é "Deus" para este sistema. As vidas inferiores, as centelhas divinas, somos nós, a raça humana. Toda vida manifestada obedece à uma lei cíclica. O cosmo, o sistema solar e os seres humanos têm as suas fases negativa e positiva – nascimento, maturidade, morte e não-manifestação.

No fim desta fase da evolução, a raça humana terá se desenvolvido até o ponto em que terá experimentado todos os aspectos da imagem da grande entidade, acrescentando a ela outra dimensão. Assim, a "massa" *grupal* da raça humana será, num certo sentido, igual à da grande entidade. Nesse estado, é possível a comunicação nos dois sentidos e a raça humana receberá os frutos da experiência cósmica da entidade. No nosso estágio atual, não podemos imaginar o que isso pode significar para nós.

Capítulo 7

Anatomia Esotérica

"O verdadeiro objeto de estudo da humanidade é o homem", disse o poeta. Como já temos algumas informações básicas e ferramentas simples, é hora de estudar, de maneira mais detalhada, essa criatura fascinante e perigosa. Nos primórdios das coisas, o mundo e as pessoas eram, evidentemente, muito diferentes do que são hoje. Assim como o universo evoluiu a partir de um sistema sutil de tensões até uma forma física de crescente complexidade, do mesmo modo, diz a tradição esotérica, evoluíram os nossos corpos.

Em cada um de nós se desenvolveu um novo corpo em resposta a cada nova fase da evolução. Esse corpo, sendo formado da substância do plano em questão, nos permite viver nessa fase e experimentar as novas características. Dessa forma, cada um de nós é um universo em miniatura, e o universo é às vezes simbolizado como um ser humano.

Assim, para cada fase da evolução há um nível correspondente na nossa constituição interior. Esses níveis ou corpos não estão, no entanto, separados. Cada um deles é uma expressão do núcleo central, o espírito; e cada corpo representa um aspecto funcional dessa natureza. Cada um de nós é um ser total. Cada parte é individual, mas não separada. Um corpo não é mais importante do que os outros. Mesmo o espírito não pode agir nas atuais condições da Terra sem um corpo físico.

No início dessa fase de evolução, a centelha divina surgiu com os seus equivalentes, atraída pelo despertar da grande entidade. Em torno desse núcleo sutil cresceram os corpos dos estágios posteriores da evolução. A centelha divina (ou espírito) imprimiu sua marca em todos os corpos posteriores. O espírito é o verdadeiro ser; assim, todos os corpos posteriores seriam expressões do seu propósito singular.

Fundamentalmente, cada um de nós é uma unidade e deveria agir como tal. Por que então estamos analisando essa unidade? Na prática, existem duas boas razões para isso. Em primeiro lugar, porque as coisas nem sempre caminham regularmente na evolução. Temos livre-arbítrio e podemos cometer erros. E cometemos! Como conseqüência de alguns desses erros do passado, ocorreram "cisões" entre as partes "superiores", que tinham uma idéia correta do que deveria ser feito, e os corpos "inferiores" que se desenvolveram posteriormente e que por vezes queriam seguir o seu próprio caminho e desenvolver uma vontade própria.

Em segundo lugar, porque o ocultismo *prático* – como algo diferente do ocultismo teórico – não pode ser levado convenientemente a cabo a menos que haja uma clara compreensão do trabalho e da interligação dos corpos dos diferentes planos. O ocultista praticante deve ser objetivo. Não importa a medida em que você compreende a unidade essencial e lamente os erros passados; você sabe que terá de trabalhar nas condições que se ajustam ao presente, se quiser fazer algo, e não apenas teorizar.

Ao fazer um estudo da humanidade, convém pensar em nós de dois modos diferentes: estrutural e funcionalmente. O estudo da nossa estrutura interior denomina-se anatomia esotérica; o estudo do nosso comportamento chama-se fisiologia esotérica. Lidaremos, neste capítulo, com a nossa estrutura e examinaremos vários sistemas utilizados para classificar os nossos diferentes corpos.

Sistemas de Classificação

Classificação dupla: O primeiro modo de classificar as nossas partes é dividir o corpo em dois:

1) Material	Corpo
2) Não-material	Emoções, mente e espírito

Este sistema simplesmente separa o ser do seu veículo físico.

Classificação Tríplice: Este método é o habitual ao pensamento cristão:

1) Corpo	Corpo (incluindo o cérebro)
2) Alma	Mente e emoções
3) Espírito	A pessoa real

Alguns textos cristãos apenas consideram a alma e o corpo, caso em que a "alma" abarca a natureza espiritual.

Classificação Quádrupla: Este sistema é amplamente utilizado dentro dos Mistérios Ocidentais. É uma classificação prática baseada na função real. São feitas três subdivisões do aspecto não físico:

1) Corpo	Corpo (incluindo o cérebro)
2) Emoções	Muitas vezes chamado corpo astral
3) Mente	Pensamento e mente abstrata
4) Espírito	O verdadeiro ser humano

Esta é uma forma de divisão muito útil, uma vez que pode ser equiparada às conclusões da psicologia moderna.

Classificação sétupla: Você deve conhecer este sistema, porque geralmente é empregado pela Tradição Ocultista Oriental. No Ocidente, ele é utilizado mais freqüentemente para aplicação teórica. Corresponde aos sete planos do universo e, dessa forma, aos sete corpos que adquirimos na nossa jornada evolutiva. Dele deriva o sistema quádruplo pela inclusão dos aspectos abstrato e concreto do corpo numa única divisão.

1) Corpo	Corpo (incluindo o cérebro)
2) Emoções concretas	Função emocional normal
3) Emoções abstratas	Emoções superiores
4) Mente concreta	A mente lógica normal
5) Mente abstrata	Idéias abstratas (não pensadas)
6) Espírito concreto	O "fazer" do espírito
7) Espírito abstrato	O "ser" do espírito

Pode ser útil considerar algumas dessas divisões mais intimamente para se ter uma idéia precisa do que as descrições significam. Alguns ocultistas são piores do que os aficcionados do computador no uso que fazem do seu jargão.

A emoção concreta abrange sentimentos como a raiva, o desgosto, a alegria, o desejo, etc. As emoções abstratas abarcam o amor altruísta, a devoção a um ideal e os sentimentos religiosos. A mente concreta é o pensamento normal, a mente lógica que resolve problemas e planeja. A mente abstrata é criadora e inspirada, e tem idéias que exigem muitas palavras para serem descritas. A mente concreta pensa por palavras; a mente abstrata pensa por meio de conceitos completos e está intimamente relacionada com o espírito em suas atividades. O termo "espírito concreto" pode se assemelhar a uma contradição em termos; mas o seu verdadeiro sentido é a parte dinâmica da nossa essência. Quando falamos de "vontade espiritual", estamos nos referindo a um aspecto do espírito concreto. O espírito abstrato é o próprio núcleo do nosso ser; ele simplesmente É.

Consideremos, finalmente, o corpo físico. Dissemos que o corpo inclui o cérebro, o que é de todo evidente. Muitas pessoas, porém, pensam que cérebro e mente são a mesma coisa. Não são. O cérebro é simplesmente o instrumento da mente concreta, um pouco assim como uma fabulosa central telefônica ligada a todas as partes do corpo. Mas a mente pode prosseguir pensando e calculando e tomando decisões sem a ajuda do cérebro. O cérebro só é necessário à mente se algo deve ser feito com a participação do corpo. Se quisermos escrever uma carta ou traçar um diagrama, então utilizaremos a nossa mente, sendo o cérebro necessário para dar ao corpo as instruções necessárias.

A estrutura molecular do nosso corpo físico é construída dentro de um arcabouço invisível, uma espécie de campo magnético, e é dentro dessa estrutura sutil, veículo das forças da vida animal, que ocorrem o novo crescimento e a renovação que chamamos "cura". A essa rede de forças invisíveis damos o nome de corpo etérico.

O Ponto de Vista da Evolução

Há outro modo de considerar os seres humanos e os seus corpos – o ponto de vista da evolução. O capítulo anterior levou em conta, de maneira sucinta, algumas destas idéias. Vamos desenvolvê-las um pouco. Podemos ser encarados como seres espirituais, imortais e eternos, que permanecemos dentro deste universo até evoluirmos a ponto de termos cumprido o nosso destino, o nosso papel no grande plano. Quando esse estágio é alcançado, as leis do universo se tornaram parte da nossa natureza. Transcendemos a lei, *tornando-nos a lei*, e agora somos deuses, centros evolutivos no cosmo.

Vimos que, durante cada fase da evolução, o espírito desenvolve corpos para que atuem como veículos através dos quais pode perceber e representar as condições dessa fase. Quando os níveis mais densos se desenvolveram, as leis desses planos acarretaram as condições de "morte" e "nascimento", tais como as compreendemos. Os corpos físicos estão sujeitos às leis e condições do mundo, por serem constituídos do material desse mundo. Os corpos físicos estão sujeitos às tensões e esforços do mundo físico extremamente condensado e duram um tempo limitado. Desse modo, nossos aspectos mais sutis "reencarnam" periodicamente em novos corpos.

Ora, estas partes mais sutis da humanidade não podem ter uma experiência direta da matéria densa; só o corpo físico pode fazer isso. Assim, elas aprendem sorvendo a essência da experiência terrena do corpo físico. Este processo ocorre geralmente depois da "morte".

Durante a fase material da evolução, essas partes sutis lançam muitos corpos físicos na matéria e adquirem, enquanto isso, uma grande experiência. Elas são conhecidas coletivamente como a *individualidade*, porque encarnam o verdadeiro ser humano e toda a experiência que adquirimos até aqui na evolução. As partes mais densas, que sofrem realmente os processos de encarnação e reencarnação, de nascimento e morte, são chamadas de *personalidade*. Desse modo, uma *personalidade* encarna a experiência de uma vida; mas a *individualidade* encerra a experiência da eternidade. Usando o sistema sétuplo, podemos facilmente ver os elos entre as nossas divisões anatômica e evolutiva:

Classificação Anatômica Sétupla	*Classificação Evolutiva Quádrupla*
Espírito Abstrato	Espírito, o Ser Essencial
Espírito Concreto	Individualidade
Mente Abstrata	

Mente Concreta	
Emoções Abstratas	Personalidade
Emoções Concretas	
Corpo/Cérebro/Etérico	O Ser Físico

Temos assim agora uma nova divisão quádrupla, baseada na nossa evolução. Para a personalidade desta vida, a individualidade é rica em experiência; é onisciente e onipotente. Falando de modo geral, isso é verdade, pelo menos para o trabalho inicial de formação ocultista. A individualidade, no entanto, também pode ter cometido alguns erros; ela pode ter dito "seja feita a minha vontade" em vez de "a tua vontade". De modo que, para o espírito abstrato, a individualidade pode surgir como uma criança que erra! Tudo é relativo.

Na Árvore da Vida, podemos colocar o espírito em Kether; a individualidade em Chokmah-Binah (espírito concreto) e em Chesed-Geburah (mente abstrata); a personalidade no triângulo inferior de Netzach, Hod e Yesod; e o corpo físico em Malkuth.

Você esteve aprendendo alguma coisa do jargão do Ocultismo Ocidental. As definições e classificações, no entanto, simplesmente confundirão, se não forem usadas de forma construtiva. Tente tornar vivas estas idéias, considerando-as com seriedade e pondo-as à prova na Árvore.

Relações Psicológicas

Agora você deveria ter alguma idéia dos vários sistemas usados para classificar nossa natureza interior. Vimos que, durante a viagem que fizemos pelos planos de densidade crescente, desenvolvemos "corpos" com os quais sentimos e agimos nas condições em que nos encontramos.

Uma vez que se supõe haver sete planos no universo, e que aparentemente somos réplicas em miniatura do universo, por que então não ter apenas uma classificação em sete planos e evitar toda a complicação? Ora, a razão pela qual outros sistemas são utilizados é uma questão de função. Na prática, é difícil separar funcionamento "abstrato" e funcionamento "concreto", pois um geralmente implica a existência do outro. Assim, o sistema quádruplo, prático e simples, é freqüentemente usado.

Quando se desenvolveu um novo corpo destinado a um determinado plano, ele não é um sistema isolado, mas uma série de ferramentas recém-adquiridas e a habilidade de utilizá-las – uma ampliação adicional da capacidade funcional do espírito. Não algo "novo", mas uma ampliação do que já existe. Assim, talvez você possa ver por que é impossível, na prática, separar níveis de consciência ou partes diferentes de um corpo.

Um perigoso resultado da pressa ocidental em classificar tudo é o desenvolvimento de idéias falsas na mente com base na estrutura do sistema de arquivo em vez das coisas que ele contém. Um exemplo típico é imaginar a humanidade como uma estrutura vertical "em cima" e o mundo físico "embaixo". Infelizmente, esse tipo de coisa reforça as idéias religiosas da infância, quando anjos de mármore apontam sempre para cima na direção de uma região celestial em algum lugar do céu.

Na realidade, os planos "superiores" são mais exatamente representados como estando "dentro". Os planos não têm extensão espacial; eles representam os diferentes modos como o espírito pode funcionar, complexos no mundo físico e simples nos reinos do espírito. Assim, você pode se imaginar como tendo um núcleo espiritual com o corpo "mais exterior" como espírito cristalizado. Esta maneira de pensar, embora ainda simbólica, evita o erro de converter o espírito numa espécie de balão cativo pairando em algum lugar sobre a cabeça! Permite também comparações com as valiosas descobertas da moderna psicologia.

Há muitos sistemas psicológicos e todos encerram alguma coisa útil; mas o único que se aproxima do ideal de um esquema completo, que não descreve simplesmente os nossos mundos interiores, mas também ajuda a pô-los em ordem, é o sistema de Jung. Ele construiu sua teoria e prática com base em observação e na experiência prática, e é estimulante ver como as coisas que descobriu chegaram tão perto da teoria ocultista tradicional. O ensinamento de Jung sobre a natureza da psique (o mundo interior), sua estrutura e o modo como a parte consciente de nós se relaciona com ele é intimamente comparável ao ponto de vista da Tradição Ocultista Ocidental.

Ora, por enquanto estamos examinando a psique, de modo que os elementos físicos, sobre os quais falamos antes, estão excluídos. Tendo isso em mente, nossas partes psicológicas podem ser representadas da seguinte maneira:

Corpo emocional
Corpo mental
Corpo espiritual

E, do ponto de vista da evolução:

Personalidade
Individualidade
Espírito

Jung usou o termo "psique" num sentido bastante amplo; todas as funções, tanto conscientes como inconscientes, estão incluídas na sua definição. A psique é formada de duas áreas complementares, consciente e inconsciente, cujas características se polarizam, como masculino/feminino. O ego, que é o foco da consciência, pode mover-se, mais ou menos, em ambas as áreas.

Cada um de nós entra em contato com o mundo e se ajusta às suas exigências de maneira singular. Jung, porém, depois de uma longa e cuidadosa investigação, concluiu que a psique tinha quatro modos distintos de atuar. Em cada indivíduo, um desses modos era habitual e consciente, ao passo que os outros três eram largamente desusados e, na maioria dos casos, inconscientes. Ele chamou esses quatro modos de atuar de "quatro funções" e rotulou-as de pensamento, sentimento, sensação e intuição. Uma pessoa pode ser de qualquer um desses tipos, dependendo da função que normalmente usa. Se fôssemos seres perfeitamente equilibrados, poderíamos escolher conscientemente qualquer um dos quatro para enfrentar uma situação específica, mas a maioria de nós responderia de uma só maneira – a do nosso "tipo".

As quatro funções agrupam-se em dois pares e podem ser imaginadas como as extremidades de uma cruz de braços iguais. O pensamento complementa o sentimento e a sensação complementa a intuição.

O tipo natural é chamado "função dominante", o "tipo funcional". Na figura 8, a função dominante é o pensamento. É a função totalmente consciente, enquanto o seu complemento, o sentimento, fica inteiramente no inconsciente, fora do alcance da vontade consciente. As outras duas funções, vocês verão, são em parte conscientes e, em parte, inconscientes.

Outro tipo funcional, ou seja, a sensação, teria essa função em cima, no mundo consciente, enquanto o seu complemento, a intuição, ficaria embaixo do diagrama, inteiramente no inconsciente. As outras duas funções – pensamento e sentimento – seriam parcialmente conscientes e parcialmente inconscientes.

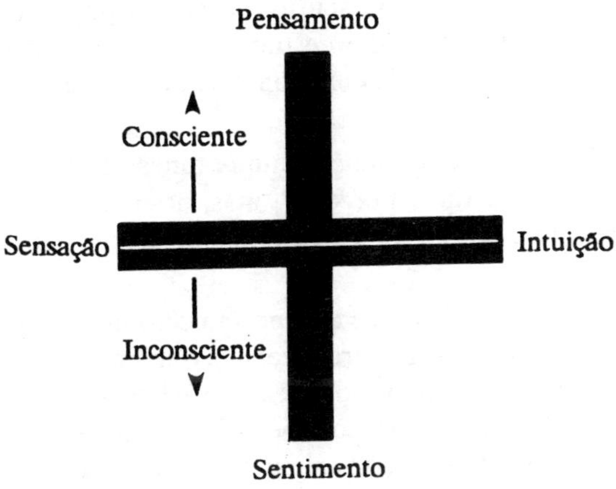

Figura 8. As quatro funções de Jung

Você pode pensar na sua função inconsciente como o seu "eu interior"; as suas características determinam a sua *atitude interior*, do mesmo modo que a sua função consciente determina a *atitude exterior*, a face que você mostra ao mundo. Teoricamente, cada uma das quatro funções deveria poder ser utilizada, quando necessário. Tal grau de unidade é raro, sendo uma das metas da instrução ocultista.

Eis as características fundamentais dos quatro tipos funcionais. Qual é o seu?

Tipo Intelectual: Compreende as coisas e se ajusta ao mundo por meio do pensamento lógico, pelas deduções. O critério é "verdadeiro" ou "falso".

Tipo Emocional: Compreende as coisas emocionalmente. Aqui o critério é "agradável" ou "desagradável", "satisfatório" ou "insatisfatório".

Tipo Sensorial: Esta é uma função irracional, isto é, não envolve julgamento, mas percebe sem avaliação. O tipo sensorial registra o mundo à sua volta como estímulos de uma espécie ou outra, em vez de interpretá-lo emocional ou intelectualmente.

Tipo Intuitivo: Esta também é uma função irracional. Como a sensação, esse tipo "percebe", mas, neste caso, por um meio inconsciente que abrange o significado interno das coisas.

É sabidamente difícil ver-se a si mesmo claramente, de modo que pode ser melhor ter um amigo para dizer-lhe que tipo ele pensa que é o seu. É interessante decidir como você reagiria a determinada situação da vida, servindo-se da sua função inconsciente em vez da função consciente habitual; isto pode ser uma coisa realmente surpreendente.

O simbolismo de Malkuth na Árvore da Vida tem os quatro elementos alquímicos atribuídos a ela. A terra, o ar, o fogo e a água são simplesmente diferentes condições da energia – ou, se você prefere, diferentes condições da matéria. O ar é a mais sutil e a que tem mais liberdade de movimento e a terra é a mais densa. É interessante comparar os quatro tipos psicológicos com os elementos:

Terra:	Tipo sensorial
Ar:	Tipo intuitivo
Fogo:	Tipo intelectual
Água:	Tipo emocional

Uma das metas do sistema junguiano de psicologia é a integração das funções inconscientes da alma com o conteúdo consciente. Se isso é feito de maneira adequadamente controlada, todos os tipos de faculdades importantes, atitudes e paixões se tornam utilizáveis conscientemente. É interessante que o trabalho inicial da Tradição Ocultista Ocidental tem em vista resultados semelhantes, embora use um jargão diferente.

O sistema junguiano dá muita ênfase à idéia de "opostos", embora talvez fosse melhor a palavra "complementares". A teoria é que a alma é constituída como uma bateria elétrica, com dois pólos, um negativo e outro positivo. A diferença entre eles faz com que o sistema funcione. Consciente e inconsciente são os dois complementares e há, entre eles, um fluxo constante de energia, como na nossa representação de uma bateria.

O vasto mundo interior da alma, que representa seis sétimos da pessoa inteira, se divide em duas partes. A primeira contém material "esquecido" ao lado de coisas com que não queremos nos defrontar. Esta zona é chamada *inconsciente pessoal*. A segunda é uma zona mais ampla e profunda que encerra os impulsos fundamentais comuns a toda a humanidade. Esta zona é conhecida como *inconsciente coletivo*. Jung também mencionou outra parte, ainda mais profunda, que considerava jamais poder se tornar consciente.

Você se recordará que dividimos o mundo interior de uma forma tríplice, quando consideramos a humanidade de um ponto de vista evolutivo. Estamos agora em condições de comparar estas duas classificações:

Personalidade	Consciente
	Inconsciente pessoal
Individualidade	Inconsciente coletivo
Espírito	Aquela parte do inconsciente que jamais pode se tornar consciente

Na Árvore, a consciência poderia ser representada pela sephirath Malkuth; o inconsciente pessoal, pelo triângulo Netzach-Hod-Yesod; o inconsciente coletivo, pelo triângulo imediatamente superior de Chesed-Geburah-Tipharet; e aquela parte do inconsciente que jamais pode se tornar consciente, pelo triângulo superno Kether-Chokmah-Binah. Nessa utilização da Árvore, Malkuth representa não apenas o cérebro, mas também a parte consciente da alma.

Se as comparações que fizemos forem aceitas como um simples guia, você verá que os vários corpos não-físicos de cada pessoa se compõem do "material" do mundo inconsciente. O reino dos céus está, de fato, dentro, do mesmo modo que o inferno!

Se considerar a mente abstrata (veja-a nos diagramas), você verá que ela está no fundo do inconsciente. Para chegar a ela, temos que realizar uma viagem através dos domínios inconscientes. Assim, antes que este nível de consciência esteja sempre à sua disposição, há muito trabalho a ser feito. Muita coisa inconsciente necessita se tornar consciente, uma porção de material sepultado precisa ser trazido à luz e várias deformações e bloqueios devem ser removidos.

Para alcançar a meta, os "caminhos devem se tornar retos", como diz a Bíblia. Em primeiro lugar, a mente consciente é fortalecida e exercitada; depois, as profundezas inconscientes são abertas pouco a pouco e é construída uma "escada de Jacó" entre os níveis interno e externo. Uma razão pela qual a Tradição Ocultista Ocidental se utiliza amplamente do ritual é que ela fala a linguagem do mundo inconsciente. Através dele, o inconsciente pode ser alinhado com o eu consciente, sob o controle do espírito.

As fases da atividade prática devotada a este trabalho são conhecidas como Mistérios Menores e não deveria ser permitido a nenhum estudante deixar esta fase até que alcance um grau razoável de integração. Como o trabalho da fase seguinte, os Mistérios Maiores, está relacionado com a individualidade, você verá que o trabalho preliminar, embora possa ser longo e penoso, não pode ser evitado. O trabalho preparatório da construção da estrada que leva às portas do Eu verdadeiro é fundamental; ninguém pode construir sobre areia movediça. O grande sistema psicológico de Jung será estudado, com mais detalhes, adiante.

Capítulo 8

Fisiologia Esotérica

Este capítulo é sobre a constituição do ser humano. Não estamos preocupados aqui com a carne e os ossos da humanidade comum. Embora o animal humano seja magnífico, a fisiologia esotérica considera a forma física simplesmente como o veículo para a manifestação do amor, da sabedoria e do poder do ser interior, que é eterno, indestrutível e intemporal. Assim, utilizaremos algum tempo considerando a constituição essencial (interior) do ser humano – você e eu.

Usam-se vários termos especiais para definir os diferentes níveis de um ser humano. Infelizmente, algumas dessas definições são utilizadas freqüentemente de maneira vaga. Por isso, será necessário despender um pouco de tempo revendo nossos termos de referência.

A Individualidade

A personalidade é o instrumento de uma encarnação. Através dela faz-se contato com o que a maioria das pessoas chama "mundo real". Através dela a gente obtém impressões e acumula experiência neste plano. A individualidade é o veículo de uma evolução – um enorme período de tempo. A individualidade torna conhecida a sua vontade através das suas personalidades e acumula a essência da experiência delas. O espírito é eterno. Ele busca o apoio do plano e age através da individualidade.

No final de uma evolução completa, toda manifestação é recolhida no "Coração Secreto de Deus". Assim embaixo como em cima; a individualidade é do mesmo modo recolhida no "coração secreto" do espírito, que absorve a essência da sua eterna experiência. Na evolução seguinte, uma nova individualidade se desenvolverá com base na experiência do espírito até aquele momento. E assim o processo continuará até o espírito transcender a limitação deste sistema e se tornar como um deus. Contudo, a divindade está, de algum modo, distante da maioria de nós; de modo que voltamos a tratar de coisas que nos são mais familiares.

Será evidente, então, que a individualidade está, em grande parte, na mesma relação com a personalidade atual que o espírito com a individualidade. Assim como a individualidade dirige a sua personalidade, o espírito dirige a sua individualidade no sentido das áreas de experiência que se ajustam melhor à sua experiência.

A personalidade, no entanto, é o *único* meio de adquirir experiência direta do mundo físico, e o objetivo da evolução é trazer para a Terra o reino dos céus. De modo que deve ser evidente que há uma premente necessidade de corrigir as distorções e deformações da personalidade para que ela se torne um instrumento melhor de ação e percepção dentro do mundo.

Depois de um certo grau de evolução, a individualidade se torna capaz de gerar personalidades que tenham pelo menos alguma consciência das suas necessidades. O processo é, então, cumulativo. À medida que evolui, cada nova personalidade pode expressar uma parcela maior do verdadeiro propósito da sua individualidade. Assim, a individualidade evolui mais rapidamente, pode gerar até personalidades melhores e assim por diante. Se você sente um desejo ardente pelas realidades invisíveis, numa forma qualquer, então você mesmo pode muito bem estar neste ponto.

A individualidade não atua, naturalmente, por vontade própria; ela é um instrumento do espírito, agindo e reagindo às condições dos planos "superiores" não-físicos. Mas esta antiga fonte de energia, conhecimento e experiência, que existe dentro de cada um de nós, é tão ampla comparada à personalidade, que muitas vezes pode *parecer* funcionar como um ser independente.

Teoricamente, a personalidade deveria agir como um autêntico filho da individualidade nos planos da matéria densa. Infelizmente, devido a erros passados, a projeção é invariavelmente uma cópia inferior do seu criador. Assim, há uma "ruptura" entre os dois níveis; a comunicação é gravemente afetada e a personalidade pode ter manifestado motivos diferentes e às vezes opostos. Problemas desse tipo constituem a regra.

Imaginemos agora uma situação perfeita, sem ruptura. A personalidade traduziria os desejos da individualidade relativamente ao plano físico; escolheria o melhor método e agiria de acordo com ele. Mas até esse dia feliz, o eu maior tem de imprimir sua vontade no seu instrumento menos diretamente. O sonhos são um exemplo da ação da individualidade refletida e expressa na linguagem do inconsciente pessoal. Muitos sonhos parecem não ser mais do que episódios escolhidos aleatoriamente dos acontecimentos do dia. Outros, no entanto, parecem ter um sentido profundo, embora o seu significado nem sempre possa ser claro. Contudo, todos os sonhos compensam um exame. A questão não é tanto a natureza aparentemente banal de alguns dos acontecimentos, mas como eles se organizam e o que significam para a personalidade.

Pense na individualidade como alguém com uma urgente necessidade de comunicar seus desejos. Há, porém, a barreira da linguagem e ela é forçada a transmitir suas necessidades servindo-se de fotografias arrancadas do jornal cotidiano. Ela não tem outra escolha a não ser usar as melhores gravuras que tem à mão!

Devido às rupturas antes mencionadas, a personalidade desenvolveu uma consciência e uma identidade próprias. Isso resulta das suas experiências do mundo a seu respeito – os critérios de prazer e dor, de vida e morte, de perda e ganho, de segurança e perigo, e idéias de moralidade – tudo colorido pelo seu tipo psicológico, mencionado no último capítulo. Desse modo, toda comunicação recebida diretamente "de cima" provavelmente teria negado o seu acesso à consciência por ser, de algum modo, inaceitável. Os sonhos evitam esse mecanismo crítico da mente e podem atuar como valiosos mensageiros. Mas é uma situação lamentável – até certo ponto semelhante à do general comandando um exército no campo de batalha e limitado a dar instruções às suas tropas mediante uma série de charadas, a que elas dão apenas uma eventual olhadela. É melhor nem imaginar os resultados! Esta é a situação existente na alma da pessoa de inteligência e cultura medianas no atual mundo ocidental. Esta é também a situação com que um psiquiatra tem de lidar na análise dos sonhos. E, a menos que você já seja um entendido, este é também o seu caso.

Conquanto os sonhos possam, certamente, orientar a personalidade e influir muito no padrão de vida, outros métodos são utilizados cada vez mais pela individualidade à medida que você evolui. O pensamento intuitivo é um deles e pode assumir a forma de algo, desde um "pressentimento" até uma idéia completa que exigiria muitas palavras para ser expressa. Essas impressões muitas vezes parecem surgir espontaneamente, e são transmitidas quando a personalidade está ocupada com outra coisa e, dessa forma, desprevenida.

Um dos resultados da disciplina ocultista deveria ser aumentar essa maneira de trabalhar. O treinamento é simples, embora de modo algum fácil. A mente que, com freqüência, é o principal ofensor, deve ser exercitada a receber ordens em vez de dá-las o tempo todo. Os bloqueios e deformações mentais e emocionais devem ser removidos com ajuda psicológica. Os estudantes devem adquirir uma idéia de quem são e do que são, em lugar do que pensam que são. O objetivo é levar a personalidade até o ponto em que ela se assemelha ao seu criador, a individualidade. Então, e só então, pode-se estabelecer uma comunicação efetiva.

No caso da "pessoa mediana", pouca experiência pode ser adquirida a partir da personalidade dentro do seu período de vida. A individualidade tem de esperar até a morte antes de poder absorver a experiência da vida. Entretanto, à medida que evoluímos, um número cada vez maior de dados pode ser transmitido diretamente até que seja alcançado o estágio em que personalidade e individualidade se tornem, efetivamente, um único ser.

Finalmente, não deveríamos jamais esquecer que a individualidade é constituída da substância dos planos interiores, mesmo que a personalidade seja formada da matéria dos planos exteriores e o corpo de matéria densa. Outros seres também têm corpos nesses níveis; e o material dos planos atua como um meio de comunicação, como o ar para a transmissão do som. Assim, por exemplo, a individualidade pode se comunicar, pelo material dos seus planos, com outros seres dotados de corpos do mesmo material. Certos tipos de telepatia funcionam dessa forma, às vezes com outras individualidades que têm personalidades encarnadas, mas eventualmente com aqueles que não têm. O contato com Iniciados do Plano Interior é feito dessa maneira. A dificuldade de passar à personalidade as informações provenientes desse contato, no entanto, ainda existe. O contato pode ser incompleto ou deturpado como um rádio fora de sintonia. Esta é ainda outra razão para o trabalho sobre a personalidade.

A Personalidade

Este capítulo é sobre fisiologia. A fisiologia trata da função. Considerando as funções da personalidade, é muito importante evitar o erro de julgá-las como um ser separado. Alguns sistemas psicológicos cometem este erro; Jung não. É fundamental que a personalidade seja encarada naquilo que ela é: uma projeção da sua individualidade. A sua *estrutura básica* é determinada a partir da individualidade, do mesmo modo que suas atitudes e capacidades *fundamentais*.

A palavra "personalidade" vem do termo latino *persona*, que significa máscara. É a face que você mostra ao mundo, os seus modos de enfrentar as pessoas e as situações. Muitas vezes também a aparência da personalidade esconde o ser verdadeiro em vez de expressá-lo. O ensinamento de Jung sobre a questão da função predominante (que examinaremos depois com mais detalhes) deixa claro que, na maioria de nós, a "roda das funções" está fixada numa só posição. Essa máscara, que deveria ser elástica e adaptável, chegou, por excesso de especialização, ao resultado oposto. Quantas pessoas você conhece cuja máscara de "pai", de "chefe de vendas", de "diretora de escola", etc., tornou-se dura como concreto?

O corpo e o cérebro são os instrumentos reais da personalidade. O mundo físico é percebido através dos sentidos físicos e o cérebro interpreta e correlaciona os resultados. Assim, o cérebro é realmente o instrumento físico da mente e liga-a às funções sensorial e motora. Assim, embora a personalidade certamente seja a maior extensão do espírito na matéria, seu objetivo só pode ser atingido por meio de um corpo realmente formado da matéria do próprio plano físico. Portanto, na Tradição Ocultista Ocidental, o corpo físico jamais é depreciado, mas dá-se a ele toda a sua importância. O corpo físico deve ser alimentado, sustentado, exercitado e amado, exatamente como qualquer outro dos nossos instrumentos.

Mencionamos antes os "contatos" da individualidade, internamente com o seu espírito e externamente com a personalidade; e também horizontalmente com outras inteligências do mesmo nível. Princípios idênticos aplicam-se à personalidade. O contato interior é com a sua individualidade e o exterior com o cérebro do seu corpo. Quais são, porém, os contatos horizontais? Relacionemos isto com as idéias psicológicas que estivemos estudando. A comunicação horizontal pode ser permutada de inúmeras maneiras. Primeiro, através da função predominante (onde está situado o foco da nossa consciência "ordinária"). Em segundo lugar, as trocas podem ocorrer através do inconsciente pessoal por meio das funções inconscientes e, em parte, conscientes.

Aqui um exemplo poderia ajudar. Consideremos um homem ou mulher do tipo "intelectual". O contato poderia ocorrer no nível do pensamento (a função predominante, neste exemplo). Trata-se de uma comunicação de mente concreta para mente concreta, um dos muitos tipos de telepatia. As trocas também poderiam ocorrer através da ação da função inconsciente; neste exemplo, o sentimento. O foco da consciência, a parte intelectual, não se daria conta de que algo tivesse ocorrido, mas o contato se manifestaria como uma mudança na parte emocional do eu, talvez como uma modificação do humor ou como uma "reação instintiva". No caso das funções semiconscientes – neste exemplo, a sensação e a intuição – o mesmo tipo de processo provavelmente ocorresse, mas poderia haver algum grau de percepção de que algo estava acontecendo.

O fato mesmo de que muitos desses contatos passam despercebidos pela nossa parte consciente não diminui, de forma alguma, a sua importância e o seu efeito sobre a nossa vida. Afinal, a maior parte de nós está no inconsciente. O psiquismo, a telepatia e a mediunidade são todos exemplos de contatos com a personalidade. Todos esses três podem ocorrer, quer diretamente, através do tipo de processo que acabamos de mencionar, ou como resultado de um contato interior com a individualidade.

O "psiquismo" poderia ser devido à obtenção pela personalidade de impressões através de suas quatro funções, ou mesmo do nível etérico quase físico. A "atmosfera" em torno das pessoas, nas casas ou em outros ambientes muito carregados, a visão de fantasmas, etc., entram nesta categoria de contatos.

A outra espécie de contato com a personalidade surge internamente, através da individualidade. A individualidade capta a impressão e a personalidade dá-lhe a forma, escolhendo imagens adequadas para expressá-la. Uma pessoa culta possivelmente tem uma provisão melhor de imagens, de modo que a sua impressão psíquica deve ser uma representação mais exata do original.

Todos os sistemas ocultistas dão grande ênfase ao treinamento dos estudantes com sistemas de símbolos cuidadosamente escolhidos. Os símbolos são escolhidos como representações especialmente exatas das forças que simbolizam. Uma meditação especial e um trabalho ritual com esses símbolos equipa a mente com um novo alfabeto para representar as forças sutis vindas do interior.

A palavra "telepatia" foi bastante sobrecarregada nos anos passados. Como vimos, o termo abrange uma porção de métodos de contato totalmente distintos. O tipo de telepatia retratado nas famosas experiências de Rhine e que ainda está sendo investigado nos nossos dias parece ocorrer, na maioria das vezes, no nível da mente concreta. Mas, em alguns casos, parece ter havido resultados que sugeriram que um outro método estava sendo empregado. Alguns dos resultados revelaram predição, por exemplo, enquanto em outros o tempo pareceu ter enveredado por outro caminho. Estes efeitos sugerem que, talvez momentaneamente, a individualidade esteve envolvida. Neste nível não existe tempo algum.

Tomemos agora outro exemplo de contato. Suponha que um Iniciado do Plano Interior estabeleça contato com você. A ligação se fará no nível da individualidade, porque o Iniciado não tem instrumentos que operem nos planos exteriores. Desse modo, a mensagem lhe é transmitida no nível da individualidade, que então terá de passá-la à personalidade, *se houver entre elas um canal suficientemente claro*. Se a mensagem terminar no seu inconsciente pessoal, então a sua função inconsciente (talvez o sentimento) determinará a forma que ela irá tomar. Poderia ser um sentimento de amor e regozijo unido talvez a cenas imaginárias. Se a mensagem chegar à mente concreta, pode surgir como idéias concretas ou até como palavras ouvidas no ouvido interior.

Falemos agora sobre o tipo de contato praticado por vários grupos espíritas: a mediunidade. Quando você morre, pode sentir inicialmente uma grande sensação de expansão e liberdade; mas, por outro lado, você é quase o mesmo que antes, e "atende pelo nome que conheceu na carne". Tudo que lhe faltará será um corpo físico e etérico. Por conseguinte, as leis do contato telepático se aplicarão a você e há muitos relatos de comunicação entre os vivos e os falecidos recentemente.

O que se chama geralmente de transe mediúnico é uma categoria de contato um pouco diferente das que estivemos tratando até aqui. Aqui o médium transfere a atenção dos níveis exteriores para os níveis interiores. A consciência se perde no plano físico e se concentra em algum nível interior. Aquele que se comunica (você, se estiver morto) une-se então aos níveis inferiores do médium, que deixou temporariamente vagos. Desse modo, você tem agora os seus corpos "superiores" unidos aos corpos "inferiores" do médium e dispõe de uma série de canais de comunicação à sua disposição. A qualidade desses canais depende do médium.

O moderno ocultismo tende cada vez mais a se servir da individualidade para o contato telepático. O transe mediúnico não é realmente apropriado ao contato com seres muitíssimo evoluídos, como os Iniciados do Plano Interior, que estão, seja como for, sem corpos mais inferiores do que a mente abstrata.

Os Corpos Etérico e Físico

Finalmente, nenhuma apreciação do ser humano seria completa sem o estudo da nossa natureza física, que se divide em partes sutis (etéricas) e densas (físicas). Em primeiro lugar, a parte etérica; ela é como uma rede ou teia, em cujos segmentos as moléculas do corpo físico denso se encaixam. O corpo etérico é o instrumento das forças da vida animal, as energias que dão força ao mundo físico. Os "chacras", ou centros de energia astro-etéricas, atuam como conexões entre os níveis interiores e o corpo físico por meio do sistema endócrino. Na Tradição Ocultista Oriental, as disciplinas da hatha-ioga desenvolvem o controle sobre este nível. O estudante ocidental é, no entanto, severamente advertido contra o uso desses métodos. O Ocidente tem os seus próprios métodos, apropriados à aspereza e confusão da vida ocidental. As técnicas orientais aplicadas aos ocidentais geralmente diminuem a capacidade de enfrentar a vida e podem causar doença.

O corpo físico denso é, no império do espírito, o mais distante posto avançado. Se o reino dos céus vier alguma vez à terra, ele se manifestará no mundo *físico* através de corpos *físicos*. Nunca se deve esquecer isso. O corpo deveria ser um animal saudável, bem coordenado – na linguagem dos antigos alquimistas – um "animal maravilhoso". Por isso, todas as capacidades do corpo deveriam ser exercitadas ao máximo. A Tradição Ocultista Ocidental tem pouco tempo para aqueles que não podem trabalhar com as mãos; se você não pode, então deve aprender, pois o ocultismo é um ofício. A base de todas as atividades ocultistas é o plano físico.

Capítulo 9

Psicologia

Os capítulos anteriores apresentaram um rápido esboço da estrutura e função internas da humanidade. É impossível acentuar a necessidade de reconhecer dois fatos fundamentais. Em primeiro lugar, que os nossos corpos – sutis e densos – são os nossos *únicos* meios de ação aqui neste mundo. Em segundo lugar, que *todas* as nossas impressões nos chegam através de sentidos específicos dos nossos vários corpos. Assim, é fundamental compreender, embora de maneira incompleta, o que somos, como funcionamos e a natureza da nossa relação com o mundo que nos cerca.

Se você está impaciente para dar início ao trabalho mais especificamente "oculto", deveria examinar melhor a sua compreensão do termo. Todo verdadeiro trabalho ocultista ou mágico tem por fim tornar manifestas as realidades invisíveis. Tanto os meios através dos quais esta meta é alcançada quanto a maneira efetiva de realizá-la são conferidos ao ser humano. Você precisa se conhecer. Há muitíssimos médiuns de transe cujas mais elevadas fontes de contato são os seus próprios complexos, e há um excesso de pretensos magos que são incapazes de pregar um prego num pedaço de madeira. Os ocultistas devem ser não apenas mais sensíveis do que os seus semelhantes, mas também mais instruídos e mais *capazes*. Se o ocultismo deve alguma vez justificar a sua orgulhosa pretensão de ser uma ciência e uma arte, os estudantes devem, antes de tudo, tratá-lo como tal e estar preparados para trabalhar de acordo com isso.

É particularmente importante que os estudantes de assuntos esotéricos vejam em perspectiva, e dentro do seu verdadeiro contexto, as várias divisões do seu tema. Todo conhecimento e especulação foram atribuídos num certo momento a uma das divisões da filosofia, sendo o significado literal de filosofia "amor da sabedoria" (philo = amor; sophia = sabedoria). A desagradável definição do filósofo como "um cego num quarto escuro, procurando um gato preto que não está ali", mostra uma concepção errônea fundamental da função da filosofia, porque ele tem tanto um aspecto "desmascarador" (analítico) quanto um aspecto "construtivo" (sintético). Embora o último aspecto seja a divisão mais estudada pelos estudantes de esoterismo, é indubitável que o mundo ocultista tiraria proveito da aplicação de alguma coisa do primeiro aspecto também. O desmascaramento só pode fazer bem! As principais divisões da filosofia são:

1) Filosofia natural – ciência
2) Metafísica – ontologia, estudo da natureza real da existência, epistemologia, a teoria do conhecimento, estudo dos problemas da compreensão
3) Ética – estudo dos problemas da conduta humana
4) Lógica – estudo das leis do pensamento
5) Psicologia – estudo dos processos mentais conscientes e inconscientes, o estudo do comportamento

Esta obra concentra-se em duas dessas divisões, a metafísica – particularmente, o aspecto ontológico ou o estudo da verdadeira natureza da existência – e a psicologia. Na prática, algumas escolas de psicologia – em especial a junguiana – estendem seus horizontes aos domínios da metafísica. Tudo isto é muito correto e adequado, uma vez que a natureza da existência não pode ser estudada separadamente da humanidade, pois nós somos os "conhecedores" que fazem o estudo.

As Divisões da Psicologia

A palavra "psicologia" vem do grego "psyche", alma, e "logos", princípio sistemático. A psicologia era, originariamente, uma parte da filosofia especulativa e, desse modo, associada à metafísica. Ao passo que a metafísica especula sobre a essência da natureza, a psicologia se ocupa da alma individual e da sua relação com a essência da natureza. No entanto, durante os últimos oitenta anos, a psicologia se separou paulatinamente da filosofia e se desenvolveu independentemente.

O estudo do assunto muitas vezes pode ocasionar confusão e frustração, porque parece que não existem duas escolas que vejam um problema da mesma maneira e com freqüência dão respostas quase totalmente conflitantes. Podemos compreender esta dificuldade quando nos damos conta de que alguns se preocupam com o *mecanismo* do pensamento, enquanto outros se concentram na própria organização do pensamento; um viticultor daria uma descrição de uma vindima, um degustador de vinho outra, e um químico ainda outra. Há verdade em cada ponto de vista, mas não a verdade total. Os dois principais ramos teóricos da psicologia são: o da tendência, relacionado com a *disposição*, e o do comportamento, ligado à *reação*.

O primeiro tem base subjetiva e trata do comportamento, do instinto, da personalidade e da essência da alma. A "psicologia profunda" de Freud, de Adler e de Jung está dentro dessa divisão. O segundo ramo é objetivo e se ocupa com a fisiologia e a anatomia do sistema nervoso, e está relacionado com o *mecanismo* da consciência e da reação, antes que com a sua causa.

A lei cíclica atua no campo da pesquisa psicológica do mesmo modo que em outras esferas. Inicialmente, a psicologia estava dentro do terreno filosófico. Depois, como se para adquirir uma identidade verdadeira, se separou de suas origens e desfrutou de uma juventude um pouco autoconsciente.

Com as escolas de psicologia profunda, sobretudo a junguiana, houve indícios de que um amadurecimento maior trouxe um reconhecimento da sabedoria da filosofia matriz. Com o passar do tempo, porém, surgiu uma nova fase de independência. Não há dúvida de que, com o tempo, tudo será unificado. No momento, o campo é confuso, para não dizer coisa pior.

Psicoterapia – O Começo

Quando alguma coisa está errada e se faz uma tentativa para corrigi-la, vai-se adquirindo conhecimento. O estímulo proporcionado pela necessidade de corrigir uma situação aberrante conduz a profundezas e detalhes maiores do que jamais se poderia alcançar pela pesquisa puramente acadêmica. Em parte alguma isto é mais verdadeiro do que no campo da medicina, onde o estímulo é a própria vida humana. Não é, pois, de surpreender que alguns dos sistemas mais agudos de psicologia tenham surgido das observações dos estados mentais patológicos que representam muitas vezes uma ampliação de comportamentos humanos normais.

Houve muitas tentativas no sentido de um sistema de psicoterapia de grande alcance, algumas muito antigas. Entretanto, o aumento das pressões da vida, na ultima metade do século, aumentou os problemas psicológicos. No hemisfério ocidental, um desenvolvimento tecnológico sempre crescente tendeu, por um lado, a privar de alimento a natureza animal e, por outro, a negar expressão aos valores espirituais. A tendência é tornar-nos apenas cérebro. Com a progressiva influência da ciência, surgiu um aumento correspondente da neurose: não se escarnece do inconsciente levianamente.

Foi Charcot (1825-1895) quem primeiro formulou, em termos modernos, a opinião de que a doença pode ser devida a crenças reprimidas na mente. A maioria dos homens e mulheres de hoje admitiria como um axioma essa opinião, mas para os seus antepassados vitorianos ela era revolucionária, chocante e escandalosa. H. Bernheim (1837-1919), professor de medicina em Nancy, França, interessou-se pela cura de certos tipos de doenças por meio da sugestão hipnótica. Pierre Janet (1859-1947) também investigou o comportamento neurótico usando a hipnose. Ele descobriu que os pacientes sob hipnose podiam lembrar pormenores de suas vidas (geralmente desagradáveis e, por isso, reprimidos), o que não seriam capazes de fazer em circunstâncias normais. Janet desenvolveu uma técnica de sugerir ao paciente hipnotizado que os dados reprimidos fossem lembrados nas circunstâncias normais de vigília. Desse modo, o comportamento neurótico agitado, que ele acreditava ser produto das lembranças "perdidas", seria curado. Esta "catarse", como Janet a chamava, parecia ser uma técnica bem-sucedida.

A dissociação da consciência parecia fundamental em muitas neuroses. Josef Breuer (1842-1925), notável cientista, que descobriu a função dos canais semicirculares do ouvido, estava muito interessado no comportamento neurótico. Como Janet, Breuer hipnotizava seus pacientes e os encorajava a falar, ocasião em que muitas vezes eles lembravam dados reprimidos e reagiam com emoções violentas. Essa catarse (Breuer usou a mesma palavra que Janet, independentemente) parecia trazer alívio.

Freud

A tese fundamental de Freud baseava-se em duas teorias: as hipóteses geminadas da sexualidade infantil e do complexo de Édipo. Na sua experiência inicial, Freud admitia uma explicação simples da neurose como o mero resultado da repressão de lembranças dolorosas de episódios reais na vida anterior do paciente. Mais tarde, mudou de idéia, depois de deparar com muitos casos em que nenhum choque real havia ocorrido. A experiência levou-o a postular dois impulsos básicos na psique humana: a ânsia de autopreservação e o impulso reprodutor. Ninguém duvidava do primeiro, mas o último desencadeou uma tempestade. Ocorreram discórdias tanto nos círculos leigos como nos científicos, que obviamente consideravam o impulso procriador como um mero anseio de ter relações sexuais, ao passo que Freud entendia que ele representava um enorme espectro de sensações de "prazer" no corpo físico. Desse modo, o impulso reprodutor é algo mais do que uma motivação sexual patente; ele também precede o desenvolvimento da atividade sexual adulta, pois começa no nascimento! Freud chamou essa energia sexual de "libido" e reconheceu o ato de sugar, de comer e de urinar na criança como formas iniciais dessa atividade. No adulto, o impulso não se limita à relação sexual, mas geralmente é sublimado em expressões de ternura emocional, formação de amizades, superação de obstáculos no trabalho e assim por diante.

O trabalho sobre a sexualidade infantil, pelo qual Freud talvez seja mais conhecido, foi desenvolvido pelo seu colaborador e discípulo Karl Abraham. Embora a direção e o ímpeto iniciais desse estudo coubessem a Freud, muitos detalhes se devem ao seu discípulo. Uma breve revisão da teoria pode ser útil. A Escola Freudiana considera que a energia vital (libido) tem várias fases distintas. Elas geralmente são conhecidas como oral, anal e fálica. O bebê obtém prazer sugando e, gradativamente, toma conhecimento das outras pessoas. A relação com a mãe situa-se nesse estágio básico. Esta é, então, a fase "oral".

Aos dois anos (ou por aí), o foco de satisfação passa para o ânus, e o treinamento da evacuação e da micção presenteia a criança com a primeira necessidade de ajustamento – entre o prazer instintivo e o controle intelectual. O prazer imediato é sacrificado à recompensa mais sutil de agradar os outros. Numa certa medida, esta fase serve de modelo para todos os ajustes semelhantes entre as exigências da sociedade e os instintos do corpo. Um ajustamento insatisfatório num único caso muito provavelmente compromete outros ajustamentos equivalentes.

A fase fálica tem início algum tempo depois dos quatro anos. Nesse momento, a satisfação está centrada nos órgãos genitais. É nessa ocasião que um menino pode começar a ter sentimentos pela mãe e atitudes ambivalentes para com o pai. Esta é a chamada fase edipiana, cujo equivalente feminino é o complexo de Electra. A solução bem-sucedida dessas séries de idéias é necessária antes que possa surgir uma relação emocional adulta adequada a uma vida sexual.

Do que acabamos de dizer, pode-se ter alguma idéia da importância prática dessas teorias. Durante os primeiros dez anos do seu trabalho, Freud acreditou na simples repressão da lembrança "real" como a chave das neuroses; depois passou a aceitar a teoria mais complexa de que cada neurose é o resultado direto da repressão da libido e que cada repressão provoca "regressão" ou movimento no sentido de um modo inicial, infantil, de lidar com a força sexual. Diz-se, por exemplo, que a histeria é uma regressão à fase fálica, enquanto a obsessão (de qualquer espécie) é uma regressão ao nível anal.

Em 1900, Freud fixou por escrito a primeira psicologia efetiva dos sonhos. Jung observou a respeito desse acontecimento que "uma escuridão infernal característica reinara até então nesse setor". Embora o próprio Freud modificasse posteriormente algumas de suas idéias sobre a interpretação dos sonhos, não resta dúvida de que a publicação dessa obra representou um fato importante. Nesse momento, surgia a famosa Sociedade Psicanalítica. Como conseqüência da fertilização cruzada das discussões, dos desacordos e debates entre os membros associados à sua experiência das neuroses de guerra, Freud chegou a reconhecer que suas teorias básicas não estavam preparadas para lidar com todos os fatos. Ele iniciou então o seu grande estudo da estrutura da personalidade como um todo em vez de restringir sua atenção a dois dos instintos maiores. Um dos mais brilhantes e ativos membros da Sociedade era Alfred Adler, e é a ele, em grande parte, que se deve creditar ter convencido Freud de que o ego (a parte consciente da psique) desempenhava um papel extraordinário no desenvolvimento das neuroses. Pela primeira vez, Freud admitiu que influências não estritamente "sexuais" podiam exercer profundos efeitos sobre a consciência. Os frutos desse estudo explicavam o indivíduo como dividido em três sistemas relacionados, mas distintos: o ego, o superego e o id. Postulava também novas condições, um instinto de vida e morte, e um estudo da angústia como um fator do comportamento e, especialmente, da neurose.

Está fora do objetivo desta introdução um exame aceitável do ego ou das idéias de Freud sobre Tânatos (o instinto da morte), ou sobre o importante tema da angústia. Contudo, existem livros sobre o assunto facilmente encontráveis. Tornou-se voga nos nossos dias depreciar Freud e suas teorias. Talvez estas poucas linhas tenham dado informações suficientes para mostrar a injustiça desse menosprezo e possam indicar algumas das grandes verdades do mundo psíquico, descobertas por aquele que foi o fundador do movimento da psicologia profunda e, de qualquer ponto de vista, um grande homem.

Adler

Alfred Adler, nascido em 1870 em Viena, foi o primeiro do grupo original de psicólogos das profundezas a afastar-se da idéia de que as forças inconscientes eram os motivadores principais do comportamento humano. No sistema de Freud, o instinto é uma fonte de energia psíquica; mas a psicologia do desenvolvimento de Adler destacou, como principal influência na vida do homem, o *ambiente* com as suas *pressões sociais* concomitantes. No sistema de Freud, esses aspectos e o seu elemento reativo na psique humana – a vontade de poder – ocupavam, nas palavras de Jung, "um insignificante cantinho em sua psicologia". Para Adler, este "instinto do ego" ocupava uma posição central.

Na teoria adleriana, a libido baseia-se na "vontade de poder" – a filosofia de Nietzsche. Cada indivíduo tem alguma característica de inferioridade que compensa desenvolvendo inconscientemente um "padrão de vida" complementar. Adler sustentava que há três reações básicas da inferioridade: compensação normal, refúgio na futilidade e supercompensação neurótica. A Escola de Adler considera a doença primordialmente como um "protesto contra condições de inferioridade", mesmo que também possa haver uma causa física evidente. As pessoas saudáveis têm "metas realistas e sociais"; as neuróticas têm "metas irreais e egocêntricas".

Em seu estudo de psicopatologia, Adler atribuiu muita importância ao relacionamento dos pais com os filhos, à seqüência dos nascimentos, ao fato de se tratar de filhos únicos, etc. Ele se inclinava a não dar importância à idéia do inconsciente e à teoria da repressão. Embora muitas vezes desdenhado como superficial pelos freudianos ortodoxos, Adler ressaltou o papel fundamental do contato social tanto nas personalidades normais como nas patológicas.

Jung

Carl Gustav Jung nasceu em 1875, na Basiléia, Suíça. Morreu em 1961, aos oitenta e cinco anos, tendo criado um grande sistema psicológico. Morrish disse de Jung que ele "tinha chegado mais perto da máxima Sabedoria Antiga... do que qualquer outro psicólogo ocidental". Ele foi um homem de extraordinária amplitude de interesses. Era com freqüência considerado pelos mais ortodoxos dos seus colegas psicólogos um excêntrico erudito que se dedicava como amador à metafísica. Mas os profissionais de outras áreas tão afastadas como a física e a zoologia consideravam sua profundidade e visão "mais significativas do que as oferecidas pelos psicólogos acadêmicos". Seus críticos teriam achado suas teorias mais fáceis de refutar não tivesse ele sido um psiquiatra tão brilhante (e, naturalmente, bem-sucedido!). Pode-se dizer que um homem da envergadura de Jung teria tido êxito não importa o sistema que seguisse. Isto é duvidoso, mas, mesmo que fosse verdade, demonstra a competência indiscutível do homem, mesmo aos olhos dos seus críticos.

Depois de dirigir uma série de experiências de associação mental, ele idealizou uma série de testes destinados a fornecer indicações precisas às atividades inconscientes. Suas descobertas levaram a uma teoria dos "complexos", grupos inconscientes de idéias com uma tônica emocional comum. Suas idéias, nessa época, alinhavam-se com a teoria freudiana básica e, subseqüentemente, ele conheceu e trabalhou com Freud durante cerca de seis anos. Essa ligação finalmente terminou, quando as pesquisas de Jung o levaram mais à frente, independentemente de Freud. Um ponto fundamental de diferença era que Jung não encarava os processos inconscientes como sendo sempre do tipo infantil ou animal. Nem os considerava necessariamente patológicos. Jung considerava alguns dos nossos conflitos internos uma importante causa de crescimento e integração, essenciais ao desenvolvimento e florescimento da personalidade bem ajustada. Finalmente, Jung afastou-se do grupo freudiano e, depois de muita pesquisa e de uma prolongada auto-análise fundou a sua Escola de Psicologia Analítica.

A primeira coisa que deveria ser apreciada por qualquer estudioso da psicologia é que a teoria junguiana não pode ser adequadamente sintetizada numas poucas páginas. A hipótese da "vontade de poder" de Jung pode ser facilmente compreendida e convenientemente condensada, mas o sistema de Jung é tão abrangente e vasto em suas implicações – abarcando a religião, a mitologia e a filosofia – que é impossível resumi-lo com exatidão. O máximo que se pode fazer é estabelecer uma estrutura sobre a qual, em seguida, se possa basear o estudo.

O sistema de Jung é mais do que uma psicoterapia. Ele tem em vista uma compreensão completa da natureza da humanidade. Por isso, a substituição que fez dos termos "mente" e "mental" por "psique" e "psíquico", porque os primeiros significam apenas consciência, ao passo que os últimos representam uma totalidade dos níveis consciente e inconsciente. A propósito, os estudantes de ocultismo deveriam atentar cuidadosamente para o uso do termo "psíquico" por Jung e evitar confusão com o sentido que a literatura ocultista geralmente lhe atribui.

A mais valiosa das opiniões de Jung, do ponto de vista do ocultismo, possivelmente seja a sua insistência na *realidade da psique.* Ele lhe confere uma realidade igual à do mundo físico, consciente. Ela tem a sua própria organização e leis. A tradição ocultista sempre ensinou que as leis de um plano são absolutas nesse plano. Portanto, é fácil concordar com Jung de que a psique deve ser estudada levando em conta a sua própria estrutura e leis. O amplo mundo do inconsciente representa seis sétimos de uma pessoa; o consciente, ou a sétima parte, é apenas o meio de focalizar o sistema especial de espaço-tempo que chamamos de mundo material.

Na realidade, tudo o que experimentamos é psíquico. No ensaio "Postulados Básicos da Psicologia Analítica", Jung escreve: "Tudo o que experimento é psíquico... Mesmo a dor física é uma imagem psíquica que experimento; minhas impressões sensoriais... são imagens psíquicas, e são esses os únicos objetos imediatos da minha consciência... Todo o nosso conhecimento consiste na substância da psique, porque só ele é imediato, é superlativamente real. Aqui, portanto, está uma realidade a que o psicólogo pode recorrer, ou seja, a realidade psíquica."* Só a partir dessa citação pode-se ver que Jung dá ao mundo interior um valor e uma realidade igual à do mundo exterior dos efeitos.

Jung via a energia da psique – a libido, em termos freudianos – em constante movimento, como um movimento de maré. Pode-se imaginar a libido como uma energia cujo movimento depende de uma diferença de polaridade entre dois terminais. Uma analogia bem clara seria uma corrente elétrica fluindo entre os pólos negativo e positivo de uma bateria. A própria existência da corrente depende de uma "diferença" de um pólo a outro. Quanto maior a diferença de potencial entre os terminais, maior a energia. Sem oposição de polaridade não há movimento. Essa energia psíquica obedece como que às leis que regem as marés, atendendo o movimento para a frente ao desejo da mente consciente de trabalhar e criar, enquanto o movimento para trás (e igualmente importante) atende ao desejo da mente inconsciente de meditar, formular, gestar e motivar. O impulso para a frente é no sentido de uma adaptação maior ao ambiente, enquanto o movimento para trás está relacionado com a adaptação às necessidades interiores.

* O ensaio "Postulados Básicos da Psicologia Analítica" (1931) está incluído em *The Collected Works of C.G. Jung*, vol. 8 (Nova York: Bollingen Foundation, 1960).

Nesta descrição, os dois pólos do circuito são vistos como os aspectos consciente e inconsciente da psique, mas a teoria dos opostos, ou, mais exatamente, complementos, aplica-se tanto à natureza quanto à humanidade e era simbolizada, nos antigos templos da Tradição do Mistério por duas colunas, entre as quais o candidato à iniciação era posto de pé.

Símbolos

Outro ponto importante a compreender em qualquer estudo da psicologia junguiana é a sua interpretação da palavra "símbolo". Para Jung, a palavra "sinal" significa um substituto ou uma representação da coisa real, ao passo que "símbolo" é usado num sentido muito mais amplo, como algo *que expressa um fato psíquico*, que não poderia, de outro modo, ser formulado de maneira precisa. Tomando um exemplo elementar: um sinal de rodovia é o substituto de uma mensagem escrita. Um símbolo, no entanto, como a cruz do calvário, expressa a totalidade da realidade psíquica do sacrifício. Daí a natureza universal dos símbolos em oposição à natureza "local" e pessoal dos sinais. O trabalho dos grupos esotéricos está, em grande parte, relacionado com a construção e com o uso dos símbolos.

O Ego e o Inconsciente

O que chamamos mente consciente poderia ser comparado ao pico de uma montanha emergindo do mar do inconsciente. A massa maior da montanha, no entanto, desconhecida e não visível, permanece debaixo da água. O pico é o ego, o "eu" que sabe e deseja, o centro da consciência quotidiana. Mas muitas das experiências da vida consciente não são apreciadas ou são socialmente inaceitáveis. Essas lembranças de medo, privação, inferioridade, rejeição, lascívia, etc., são expulsas da consciência por um desvio deliberado da atenção, uma recusa a encarar, um esquecimento intencional. Esse processo é chamado *repressão*. A repressão deve ser cuidadosamente distinguida da *supressão*, que é simplesmente o processo normal e perfeitamente saudável de desviar a atenção de um assunto para tratar de outros. No caso da verdadeira repressão, o material renegado não pode ser lembrado à vontade, ao passo que a supressão permite essa lembrança. As impressões subliminais, insuficientemente fortes para alcançar a consciência, são também relegadas ao inconsciente. O reino sombrio da psique para onde vai esse material reprimido e subliminal é chamado por Jung de *inconsciente pessoal*. É aquela parte da montanha logo abaixo das águas do inconsciente.

O inconsciente pessoal pertence ao indivíduo. É a parte do inconsciente que se tornou personalizada e povoada pelas lembranças reprimidas e as impressões subliminais. Há um comércio bastante regular entre o inconsciente pessoal e o consciente. O material reprimido penetra no mundo sombrio vindo da consciência, e há um fluxo recíproco no sentido da consciência, que se manifesta nos sonhos, anseios, sentimentos irracionais, ações, etc. Dessa forma, comparado à enorme massa submersa da montanha, o inconsciente pessoal foi, até certo ponto, domesticado! Evidentemente, se a meta da evolução é a pessoa como um todo, então o material não deveria, em primeiro lugar, ser reprimido, mas, em vez disso, deveria ser confrontado e aceito como material para um crescimento maior. Mas não vivemos num mundo perfeito, e muitas das técnicas de psicoterapia objetivam desenterrar o material reprimido e integrá-lo ao conteúdo da consciência. Às vezes o material reprimido é recordado acidentalmente por um choque ou por uma eventual associação de idéias. Os sonhos e as fantasias também contêm um conteúdo inconsciente pessoal.

O trabalho inicial de Jung nesse nível da psique revelou uma peculiaridade de estrutura cuja descoberta devia mais tarde desempenhar um papel importante no seu sistema. Sua pesquisa demonstrou que as idéias tendem a se associar em torno de certos focos fundamentais. Jung deu a esses grupos de idéias de tipo e tonalidade emocional comuns o nome de complexos. Alguns complexos são bastante superficiais e podem ser parcialmente conscientes. Outros são mais básicos e têm sua existência no inconsciente pessoal. Outros parecem existir num nível mais profundo da psique. A estes Jung dedicou particular atenção.

Os níveis mais profundos do inconsciente, de onde emerge a nossa consciência, recebem o nome de *inconsciente coletivo*. É o nível dos impulsos e instintos mais profundos. Neles estão as verdadeiras raízes da psique e a sabedoria e experiência do coletivo. Os níveis mais profundos são comuns a toda a humanidade.

Fez-se uma breve menção à individualidade como uma diferenciação da "substância" do inconsciente coletivo, do mesmo modo que o corpo físico poderia ser definido como uma diferenciação da matéria do mundo físico. Na maior profundidade de tudo está o espírito, que se pode deduzir, mas não definir. É como se o espírito construísse em torno de si corpos dos vários estratos do inconsciente coletivo à medida que ele se envolvesse. Se esta analogia for comparada com a descrição cosmológica do capítulo 6, podemos nos beneficiar com o estudo da mesma teoria expressa em função de dois sistemas diferentes de símbolos. O próprio Jung jamais se refere especificamente a "espírito" em suas obras, pelo menos não da maneira que os estudantes do esoterismo empregam o termo. Todavia, em toda a sua psicologia ele está implícito, e há alguma razão para crer que a nossa natureza universal, e o ciclo de reencarnação, formavam uma parte das suas crenças jamais expressas em letra de forma por motivos óbvios. (Ver a figura 9 na página 125.)

Arquétipos

Os níveis mais profundos do inconsciente coletivo são comuns a toda a humanidade. Na nossa involução e evolução, é justo postular certas experiências comuns, pois – não importa qual seja a nossa raça, cor ou língua – somos seres espirituais do mesmo tipo que as nossas centelhas divinas. Essas experiências comuns teriam sido fundamentais para o nosso desenvolvimento como seres humanos. Tais ocorrências poderiam ser simbolizadas como a figura do pai, da mãe, da virgem, do velho sábio, da criança, do cadáver, e assim por diante, e por imagens tais como o sol representando a fonte da vida, ou a lua e o mar representando o mundo interior oculto, etc.

No curso da evolução, esses focos de experiência se desenvolveram, à medida que cada um atraiu para si mais conhecimento humano acumulado do seu tipo particular. A esses complexos imensos e primordiais de experiência humana Jung deu o nome de *arquétipos*. É justo supor que essas imagens primordiais foram formuladas durante os milhares de anos em que o cérebro físico estava evoluindo a partir do estado animal. Os símbolos arquetípicos emergem nos sonhos e nas visões – por vezes até mesmo nos "rabiscos" semiconscientes feitos no bloco de recados telefônicos! Embora épocas e culturas diferentes possam modificar a forma, os arquétipos conservam sempre suas características primordiais. Alguns podem surgir em forma abstrata ou geométrica; outros se manifestam como deuses ou deusas, animais ou plantas. Há uma nítida característica mitológica nesses arquétipos. Com efeito, foi a semelhança fundamental entre o folclore e a mitologia de culturas raciais bastante diferentes que forneceu a Jung material para suas investigações. Na verdade, pode-se dizer que, se Jung não tivesse pressuposto o conceito dos arquétipos do inconsciente coletivo, alguém teria sido compelido a fazê-lo, se ao menos atentasse para as semelhanças por vezes incríveis das diferentes mitologias, para não falar da semelhança dos sonhos e da experiência visionária em todo o mundo.

Os arquétipos representam a essência aprimorada de uma experiência humana particularizada e são estações de força e transformadores psíquicos. A série básica de símbolos de uma loja ocultista é composta de arquétipos selecionados.

Mitos e Sonhos

Jung dedicou muito tempo ao estudo dos mitos. Ele sustentava que, embora a estrutura do mito fosse de iniciativa do homem e consciente, sua essência e a maioria das suas imagens procedem do inconsciente coletivo. Se os mitos *são* a expressão direta do inconsciente coletivo, é justo então encontrá-los em formas semelhantes entre os povos de todas as épocas e raças. Nas raças primitivas, há menos "ornamentos" conscientes; por isso, o conteúdo arquetípico é predominante e mais facilmente percebido. A religião, os contos de fadas, a poesia e algumas formas de arte dramática dependem, em seus efeitos, do uso de imagens arquetípicas para evocar o mundo mais amplo do inconsciente coletivo. É por isso que certos temas são uma garantia de boa bilheteria.

Freud utilizou a interpretação dos sonhos como um meio de chegar ao material reprimido, mas suas reflexões fizeram-no deter-se subita-

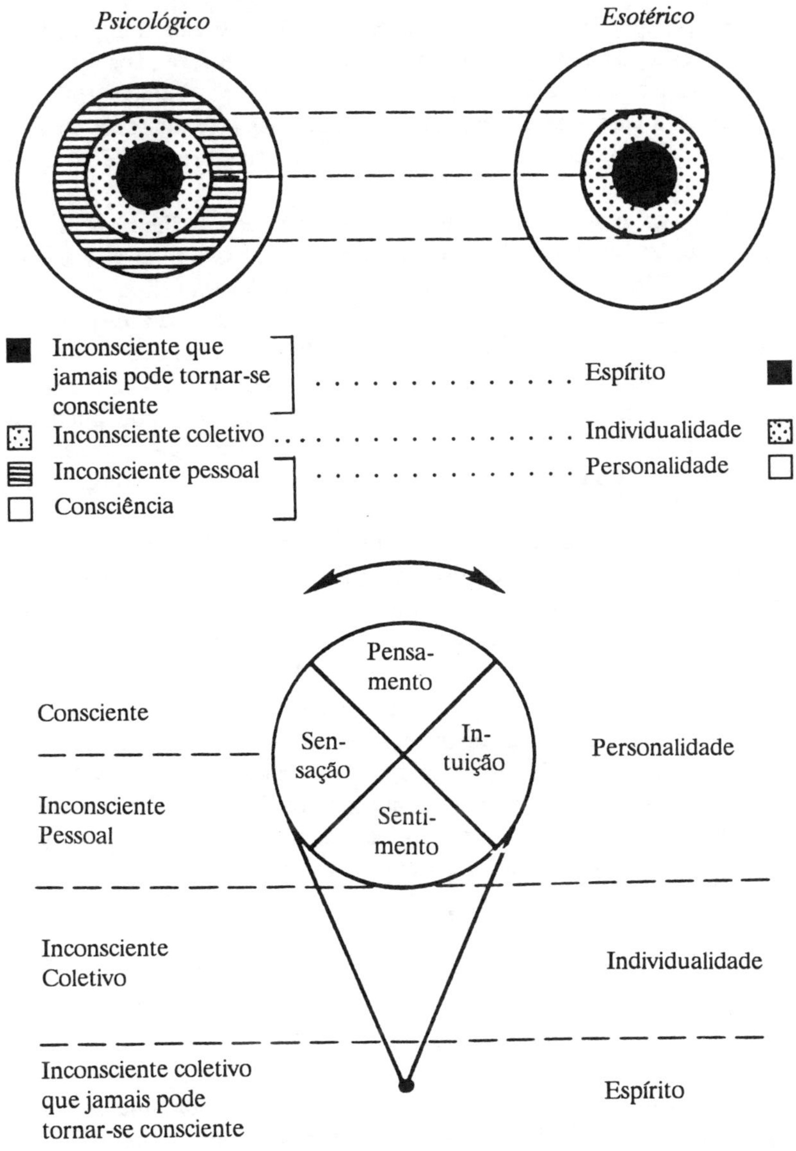

Figura 9. Correlações psicológicas e ocultas

mente nas experiências da infância. Embora Jung também utilizasse os sonhos desta maneira, seu pensamento abrangia a esfera mais ampla do inconsciente coletivo e dos arquétipos que residem nele. Seu método não se limitava à cura das patologias da psique, mas estendia-se à cura da totalidade da pessoa, à nossa mais plena expressão e à realização de todo o nosso potencial.

Jung via o sonho como uma emergência espontânea do inconsciente, um "evento" fora do controle consciente. Nisso reside o valor de um sonho. Ele é uma *janela* para o mundo interior da psique e merece muita atenção. Jung considerava que o primeiro passo na interpretação dos sonhos era estabelecer a relação daquele que sonha com o sonho, a fim de interpretar o significado dos seus símbolos. Uma série de sonhos é, por conseguinte, mais eficiente do que um único sonho, porque pode surgir um padrão, a partir do qual se pode deduzir mais facilmente o sentido dos símbolos fundamentais. Não há nenhuma interpretação fixa dos símbolos. Gatos pretos, quando aparecem, nem sempre indicam azar! A imagem de uma mãe pode significar amor, calor e conforto para uma pessoa, e medo, ódio e frustração para outra. Há, por outro lado, o *arquétipo* materno a ser considerado. Noutros termos, certos símbolos podem ser interpretados em vários níveis, tanto arquetípicos como pessoais.

Os sonhos podem ser considerados de dois pontos de vista: subjetivo e objetivo; podem ser encarados como tendo relação com o mundo interior ou com o mundo real do meio físico. No primeiro caso, as figuras e símbolos encontrados representam aspectos da vida interior daquele que sonha, enquanto, no segundo, representam pessoas reais e suas relações. Na prática, uma interpretação válida é às vezes possível em ambos os modos.

Tipos de Atitudes

As psicologias de Freud e de Adler oferecem, cada uma de per si, explicações plausíveis da neurose. Fundamentalmente, ambas as teorias são excelentes sistemas cuja validade pode ser comprovada pela observação e pela investigação. Ambas parecem ser corretas; ambas podem ser demonstradas como válidas. Mas será possível duas teorias opostas estarem igualmente corretas? Os adeptos das duas escolas se combateram mutuamente, cada lado declarando estar certo e condenando ardorosamente seus oponentes. Esse problema deu a Jung muito que pensar. A solução a que chegou finalmente é típica do seu gênio. Ele viu que a abordagem de cada uma das escolas era determinada pela sua atitude básica. O freudiano voltava-se para o mundo inconsciente para a sua explicação, enquanto o adleriano voltava-se para o meio exterior. Esta reflexão levou Jung a indagar se não havia dois tipos humanos diferentes, um interessado em si mesmo e outro interessado no mundo objetivo. Como resultado dessas reflexões, Jung desenvolveu a teoria do *Tipo de Atitude* e formulou as duas atitudes fundamentais possíveis a um ser humano. Chamou-as de *introvertida* e *extrovertida*. A primeira se volta para dentro e a segunda, para fora. Convenientemente compreendida, esta questão de dois tipos opostos é outra expressão da Lei dos Complementares, os dois pilares do templo mencionados antes. Teoricamente, seria possível usar à vontade qualquer uma das atitudes, mas, na prática, cada um de nós é predisposto no sentido de uma das duas abordagens da vida. A natureza reflexiva do introvertido leva-o a pensar antes de agir. Naturalmente, isso o torna lento na ação e ele muitas vezes tem alguma dificuldade para se adaptar ao mundo exterior. Inversamente, o extrovertido tem uma relação positiva com as coisas e é atraído por elas. Situações novas, desconhecidas, o fascinam e ele se lançará no desconhecido com os dois pés. Geralmente, o extrovertido age primeiro e pensa depois. No entanto, a Lei dos Complementares atua também interiormente. Um introvertido tem uma atitude interior de extroversão, enquanto um extrovertido tem uma atitude interior de introversão. Por conseguinte, no interior de cada introvertido há um extrovertido tentando sair e vice-versa!

As Quatro Funções

A divisão da raça humana em dois campos, extrovertidos e introvertidos, não abarca todas as diferenças da personalidade humana. O extrovertido se acerca do mundo de um modo particular segundo a maneira como a psique funciona; do mesmo modo o introvertido. Cada um deles utiliza o que Jung chamava a sua "função mais desenvolvida". Jung reconhecia quatro funções distintas. Mas, embora elas sejam diferenciadas para facilitar, haverá provavelmente muito poucos tipos puros. O Capítulo 7 explica sucintamente a disposição das funções. Cada tipo funcional pode ser tanto extrovertido como introvertido na abordagem da vida, de modo que há oito tipos básicos e inúmeras mesclas. Um tipo intelectual poderia ser puro ou mesclado com sensação ou intuição em certo grau. O tipo intelectual não poderia, contudo, estar mesclado com sentimento: os dois são complementares, de modo que o sentimento é a atitude inconsciente. O mesmo princípio se aplica a qualquer outro tipo funcional. Alguns exemplos podem aclarar a descrição, mas as combinações possíveis são quase infinitas. Afinal de contas, os seres humanos são indivíduos.

Os Tipos Intelectuais Extrovertidos voltam-se para o mundo exterior. Interessados nos "fatos", se se ocupam com idéias, estas nascerão dos fatos que eles chamam de "realidade". Eles são realistas, não podem ver além do fato e, assim, se limitam.

Os Tipos Intelectuais Introvertidos se ocupam, acima de tudo, com idéias, não com fatos. São teorizadores, pensadores "criativos". Estão interessados no mundo interior. Podem ser tímidos e retraídos, dando pouca atenção aos outros ou ao mundo ao seu redor.

Os Tipos Emocionais Extrovertidos são, em geral, bem ajustados ao mundo e sempre parecem "sair-se bem de uma situação difícil", estando muito interessados nas relações pessoais. Possuindo muitas vezes tato e encanto, essas pessoas tornam possível a vida social. Os melhores modelos revelam um desejo genuíno de ajudar os menos afortunados, enquanto os piores podem ser insinceros, artificiais ou empolados.

Os Tipos Emocionais Introvertidos parecem freqüentemente muito diferentes dos extrovertidos. Parecendo muitas vezes arredios e reservados, sua profunda simpatia e compreensão surgem tão-somente no interior do abrigo de um grupo familiar ou com os amigos próximos. Este tipo pode expressar sentimentos íntimos na arte ou na religião. São valiosos amigos íntimos.

Os Tipos Emocionais Extrovertidos tomam tudo exatamente como se apresenta. Há pouca ou nenhuma imaginação e nenhuma tentativa de se servir do intelecto para a análise das impressões. Provocar sensação é o objetivo principal deste tipo, e eles podem apresentar naturezas aparentemente calmas e razoáveis. Freqüentes amantes de brincadeiras e divertidos, seu objetivo é buscar coisas que lhes dêem prazer e freqüentemente estão ocupados em provocar sensações nos outros. Os piores são hedonistas atrás de emoções.

Os Tipos Sensoriais Introvertidos são muitas vezes assoberbados por impressões sensoriais. São difíceis de compreender e estão sempre ocupados com imagens interiores. *Experimentar* sensação é um objetivo desse tipo, mas a sensação pode surgir de um estímulo interior; o mundo objetivo é questão secundária. Essas pessoas têm muitas vezes vívidos processos imaginários, vêem "castelos no ar", e experiências psíquicas incomuns e interessantes. Músicos e artistas podem ser encontrados nesse tipo.

Os Tipos Intuitivos Extrovertidos geralmente têm aversão a todas as coisas "seguramente" estabelecidas. São guiados pela percepção interior e podem ser cruéis com os outros, quando perseguem metas interiores. Raramente colhem o proveito das suas ações, pois constantemente correm atrás de possibilidades mais do que de realidades. Raramente concluem uma atividade além do ponto em que acreditam que a meta está à vista. Sua vida pessoal freqüentemente é caótica, mas raras vezes enfadonha!

Os Tipos Intuitivos Introvertidos são muitas vezes sonhadores e videntes místicos, ou, infelizmente, excêntricos. Certos profetas eram, sem dúvida, desse tipo, mas é facil ver como a busca da percepção pode degenerar em obsessão mais com a própria percepção do que com a sua utilização. Blake é citado com freqüência como um bom exemplo deste tipo; ele foi não apenas poeta mas também artista.

A Religião e o Processo de Individuação

Jung foi o único, entre os psicólogos, a falar de um *instinto religioso*. Ele considerava a adoração e o anseio no sentido da unidade com o divino tão natural quanto qualquer dos outros impulsos fundamentais da humanidade, e dizia que a saúde e estabilidade psíquicas dependiam da expressão adequada desse anseio. A principal finalidade da religião seria, certamente, unir os mundos interior e exterior a fim de trazer à Terra o reino dos céus. Embora a psicologia junguiana objetive a unidade dos mundos interior e exterior no indivíduo, uma coisa é certa: enquanto não for alcançada a unidade individual, não será possível haver harmonia no mundo. Individuação é o termo usado para designar esse processo de unificação, que ele viu como o desenvolvimento progressivo da pessoa como um todo. É um processo de integração pelo qual se reconhecem, conciliam e se expressam conscientemente na atitude e na ação os anseios inconscientes. Esta é uma ação profundamente "religiosa", quer se pense do ponto de vista das energias e forças existentes no inconsciente ou do ponto de vista do simbolismo místico mais convencional. O objetivo é o mesmo: a perfeição.

Esses estágios das tradições ocidentais conhecidos como Mistérios Menores também objetivam alcançar uma dose razoável de individuação e o estímulo da natureza interior ajudada pelas forças da iniciação.

Capítulo 10

Karma e Destino

Ao discutir a evolução, nos capítulos anteriores, mencionei os erros e abusos do livre-arbítrio. Precisamos agora examinar, mais detalhadamente, esses termos bastante vagos, porque eles têm um efeito prático imediato sobre cada pessoa que leia este livro. Definamos, antes de tudo, os nossos termos.

Mencionamos karma uma vez anteriormente. Karma é uma palavra tomada do ocultismo oriental. Na prática, significa "causa e efeito". Destino significa uma parte de um grande plano pela qual determinado ser humano é responsável. Você tem a sua parte, eu a minha. Cada parte é uma pequenina jóia num enorme mosaico; cada parte é única; cada parte é fundamental. Para ver como o karma e o destino operam juntos, devemos considerar o karma de modo mais detalhado.

O karma baseia-se na idéia de que toda ação provoca uma reação. Um pêndulo posto em movimento continua a mover-se até que suas forças entrem em equilíbrio. O universo é um sistema fechado e toda força deslocada deve ser equilibrada por uma força oposta. Somos mais do que simples seres físicos; podemos "agir" emocionalmente pelo sentimento e mentalmente pelo pensamento. Do mesmo modo, as reações às nossas ações podem ser igualmente de níveis não-físicos.

Na prática, o karma é a colheita dos frutos das ações passadas. Esta é a maneira como ele atua: imagine o plano mantido na Mente de Deus como uma rede de forças dentro da qual temos a liberdade de nos expressar individualmente e, desse modo, contribuir individualmente com esse plano. Se nos alinhamos com essas forças no nosso trabalho, então as reações são tão-somente movimentos que nos ajudam a avançar no nosso verdadeiro caminho e que apóiam nossos esforços. Poder-se-ia dizer dessas pessoas que estão realizando o seu destino.

Mas se, devido a idéias errôneas sobre o destino, tentamos agir contra as forças do plano, essas forças então se opõem a nós na medida do nosso desalinhamento. Essa reação é experimentada como "karma". Esta é uma questão mais de física do que de ética. Se pensamos no karma simplesmente como uma reação, ele pode então ser "bom" ou "mau". No entanto, no Ocidente tendemos a restringir o uso da palavra aos resultados desastrosos das ações errôneas (desalinhadas).

Naturalmente a pergunta inevitável é: "por quê?" Por que agiríamos deliberadamente em oposição às forças que nos são úteis? A resposta está no mistério do livre-arbítrio. O livre-arbítrio parece ser, neste universo, o grande experimento: uma idéia original na construção do universo, uma Grande Entidade, Deus, cooperando com um enorme enxame de seres menores do mesmo tipo. Ambos têm livre-arbítrio. Ambos têm responsabilidades. Deus encarna a Sua experiência numa forma abstrata perfeita, e a mantém. Temos que preencher os detalhes. Cada um de nós é responsável por uma faceta de um modo singularmente individual, expressando finalmente nossa criatividade no mais denso nível possível do ser. Tanto Deus como os seres humanos são os criadores.

Ora, muitos ocultistas crêem que, antes de termos entrado no esquema, houve outros seres implicados: seres que haviam alcançado uma perfeição relativa e estavam perfeitamente alinhados com o propósito de Deus. Esses seres ajudaram na construção da estrutura do universo. Mais antigos do que nós na evolução, alguns desses Senhores do Fogo, da Forma e da Mente, como muitas vezes são chamados, tornaram-se mais tarde conhecidos como os arcanjos "que se acham na presença de Deus".

De modo que, segundo esta teoria, já tínhamos uma estrutura bem organizada esperando, quando nos coube a vez de realizar nosso trabalho. Mas, enquanto os nossos antecessores estavam sintonizados com o plano, nós não estávamos. Tivemos que adaptar nossa criatividade aos desígnios do nosso destino. A tradição proclama que foi nesse ponto que começou o problema. Muitos reagiram ao plano, preferindo desempenhar outros papéis diferentes daquele que lhes fora imputado no vasto esquema. Alguns reagiram a trabalhar dentro das limitações da matéria densa. Outros reagiram aos companheiros. Diz-se que todos reagiram de um modo ou outro.

O espírito, o núcleo de todo homem ou mulher, encerra tanto o feminino como o masculino, em perfeito equilíbrio. Contudo, no nível físico do plano, os corpos animais devem ser usados para trabalhar dentro da densa limitação da matéria. Essas formas animais eram quer masculinas quer femininas. E, para realizar a nossa parte do plano na substância densa, era necessário um corpo de determinado sexo. O destino de um espírito na matéria poderia exigir um corpo feminino; o de outro, um corpo masculino. Mas, em todos os casos, a perfeição equilibrada tinha de ser deixada de lado em prol de uma expressão unilateral. Muitas vezes havia relutância em aceitar o papel sexual exigido.

É provável que tenha sido dito o suficiente para indicar os muitos modos como a liberdade descontrolada ocasionará o desalinhamento com as grandes forças que mantêm a estrutura do universo. Desalinhamento é o mesmo que karma. Porém as possibilidades destrutivas do livre-arbítrio devem ter sido conhecidas pela Mente de Deus.

A evolução poderia ser comparada a uma enorme tela em que o Mestre supremo traçou o esboço de uma forma de indescritível beleza. Nela, um bando de crianças egoístas, irresponsáveis, altercadoras, estão a esmo manchando a pintura. Não obstante, de algum modo, o esboço resplandece. Imaginem a tristeza do artista que sabe qual seria a obra-prima final, mas não pode, por sua própria livre escolha, intervir. Muito tempo deve passar para que as crianças cresçam e aprendam as lições de disciplina e cooperação e, finalmente, cheguem a compreender seus papéis na criação da obra-prima. Tal é a evolução num universo cuja tônica é o livre-arbítrio. Estamos certos de que os resultados valerão o sofrimento. Tendo comido dos frutos da Árvore, tornar-nos-emos iguais aos deuses, conhecendo o bem e o mal.

Você provavelmente perceberá que todos os nossos problemas resultam do karma, porque você é *o que* é por causa do seu karma. Está *onde* está por causa do seu karma. E o seu futuro depende do seu passado e das suas ações *hoje*. Você está de fato criando neste momento o seu futuro.

Que pode você fazer em relação ao karma? Antes que se possa dar qualquer tipo de resposta, teremos que considerar mais alguns dados. É possível que você tenha perguntado a si mesmo como, em primeiro lugar, pudemos nos opor às forças do plano. Afinal de contas, parecemos seres insignificantes em comparação com a imensidão do universo. No entanto, não somos insignificantes. Esta é uma verdade que todos os estudiosos de ocultismo deveriam compreender claramente.

Somos da mesma natureza de Deus e, pelos nossos próprios méritos, seres imensamente poderosos. Desse modo, era (e é) possível nos opormos ao nosso destino. Naturalmente, se nadamos contra a corrente, consumimos energia, mesmo para permanecer num único lugar. Assim, uma das conseqüências do karma é aplicar uma porção de energia na manutenção de falsas posições, de modo que o nosso poder como seres criativos se reduz muito. Enquanto continuarmos na direção errada, estaremos mutilados.

Estivemos divididos contra nós mesmos e nosso Deus desde a aurora dos tempos. Mas há alguma luz na escuridão. O poder do espírito não é limitado pelo tempo ou pelo espaço. E mesmo um falso destino contém alguma coisa do plano verdadeiro. Os ensinamentos do ocultismo proporcionam um caminho entre o karma e o destino. Entretanto, quem quer que tenha tentado deixar de fumar sabe que não é fácil quebrar um hábito profundamente arraigado. É penoso. Exige coragem. Mas quem quer permanecer um ser pela metade?

Karma e Vida

Se obedecermos ao nosso destino, é provável que sejamos poderosos, felizes, tranqüilos, sadios e explodindo de entusiasmo e de vida. Somos geralmente parcos dessas coisas. O karma é a causa. Como mudamos?

Alguns pensam que devem primeiro tornar-se perfeitos antes de poderem ser úteis aos outros. Isso é um engano. Cada nó kármico que se desata libera um pouco mais do destino. A correção de cada padrão errado de vida libera a sua quota de energia. Essas coisas afetam profundamente o mundo, sobretudo quando feitas com intenção deliberada.

Alguns estudantes se dedicam à tarefa de se tornarem corretos com uma feroz determinação e uma implacável eficiência. A determinação e a eficiência são bem-vindas; a atitude não. Regeneração é uma palavra de que nos servimos para descrever esse processo de correção dos erros passados. Significa fazer de si uma nova pessoa; não se trata, portanto, da retificação dos erros passados como uma tarefa tediosa e lúgubre. Não se torne obsessivo com a sua própria indignidade pecaminosa. Se você se relacionar com ela de maneira correta, a regeneração pode dar-lhe um dia uma nova experiência. Pense nela como uma viagem de exploração cheia de surpresas, trabalho duro, dificuldades, perigos e satisfação. Empenhar-se em luta com o karma é exatamente como uma expedição a uma terra desconhecida. Requer as mesmas virtudes, sendo talvez a mais importante o senso de humor!

Essa falta de humor faz com que os ocultistas iniciantes neguem a si mesmos os frutos dos seus sucessos. Se você corrigir alguma coisa em si, agradeça de todos os modos a Deus de joelhos. Depois, no entanto, descubra algum modo de *usar* a sua nova liberdade. Tire algum prazer da sua regeneração; *desfrute*-a! Em seguida, assegure-se de que outras pessoas também se beneficiem.

O karma é uma questão de atitudes interiores errôneas que se tornaram maneira de viver; ele é dinâmico. Não é um "pecado" ou vários pecados, mas toda uma série de atitudes. E das atitudes resultam maneiras de viver. O karma causa problemas que vão da impotência à guerra mundial. As maneiras de viver formam padrões e, quando essas trilhas habituais são examinadas por alguém que sabe o que procurar, é possível ver não apenas o karma mas também o destino. Uma atitude "kármica" cria uma forma apropriada; uma atitude de "destino" também cria uma forma. Que são essas formas? Para começar, o corpo, o meio ambiente, as relações e o emprego, tudo isso espelha o karma. Representa o nosso estado interior. Somos inteiramente responsáveis por eles, mas podemos também mudá-los.

Como? Antes de tudo, conseguindo conhecer-se a si mesmo e aceitando o que você é e o que não é. Em seguida, observando o seu meio ambiente e as suas relações, descobrindo áreas que precisam mudar e fazendo alguma coisa em relação a elas, e agindo constantemente até que a mudança se complete. Passando depois para outro ponto problemático, e assim por diante.

Simples? Sem dúvida. Mas, de modo algum, fácil. Em tudo isto, o grande "segredo oculto" está na *atitude*. Normalmente, a evolução age inconscientemente e pouco a pouco, corrigindo erros e removendo bloqueios como a água corroendo uma pedra. Os ocultistas assumem *conscientemente* o controle da sua própria evolução. A palavra-chave é "conscientemente".

Lutando com o Karma

Teoricamente, deveria ser possível você sentar-se, fazer uma breve auto-análise, relacionar mentalmente os seus erros e falhas, encontrar a causa fundamental, modificar a atitude interior e, em seguida, agir de acordo com isso; isto é, em teoria! Na prática, simplesmente não é possível agir assim. Você não está lidando tão-somente com uma ou duas idéias errôneas, ms com hábitos incorretos que alteraram a verdadeira natureza do seu ser, ações erradas que acarretaram dívidas e responsabilidades. É possível que um iniciado de grau muito elevado possa fazer isso. Mas, por outro lado, um iniciado não precisaria fazer tal coisa.

De onde você começa? O que você faz? Quando? Você começa AGORA. De onde você começa realmente não tem muita importância. Não é de onde você começa, mas *o como* é que importa. O que você faz é determinado pelo que você é. Não há nenhuma necessidade de um exame psíquico em vidas passadas; você tem todos os dados de que precisa na sua vida presente e tudo está à sua volta.

Assim, você começa no plano físico. Toma uma pequena área da sua vida – qualquer área insignificante da sua vida – na qual haja dificuldades, e ali, nessa área, estabelece *ordem* e *controle*. E, tendo estabelecido o controle da sua verdadeira vontade nessa área, em seguida *mantenha esse controle*. Ele precisa ser mantido. Não filosofe, faça alguma coisa. Não pense, aja.

O método é muito simples, mas pode haver dificuldade. As pessoas, em sua maioria, são ambiciosas demais. Tendo escolhido a parte das suas vidas que querem corrigir, elas se precipitam e começam a "corrigir" tudo o que vêem. Pouco depois, a situação toma conta delas, desaparece o interesse e restabelece-se a condição anterior. Outro insucesso se acrescenta à lista e o hábito de fracassar foi reforçado. Tenha em mente o preceito ocultista chamado Lei da Limitação. Ele diz que, se você quer que algo se realize neste universo, você deve restringir-se. O vapor escapa do recipiente aberto; confinado, porém, numa caldeira, você terá os componentes de uma revolução industrial. Foi assim que começou a última. Você deve reter o seu anseio no sentido da regeneração do mesmo modo como o vapor foi retido na caldeira. Você o restringe em duas dimensões: espaço e tempo. Em vez de dispersar seus esforços, restrinja-os a uma área e a um tempo limitado e muito específico da sua vida. Você diz: "Farei algo em relação a *isto, diariamente* durante *duas semanas* e, em seguida, reexaminarei o problema." Isso é tudo que tem que fazer. Se continuado, o método será um sucesso garantido. Quando você reduz uma área da sua vida para ordená-la e *mantê-la*, é possível pensar em estender o seu controle.

Haverá, sem dúvida, oposição à sua empresa; ela virá, na maior parte, de dentro de você. A mente, programada pelo erro fundamental, inventará um grande número de razões para que o projeto não prossiga. Pode fazê-lo parecer ridículo, inútil, perda de tempo, futilidade, irrealista, e assim por diante. É provável que as emoções também sejam envolvidas. Você poderá experimentar sentimentos de tédio, raiva, irritação e outras reações. Todos eles são bons indícios, mostrando que o seu trabalho é eficaz. Se você considerar suas reações de uma forma tão imparcial quanto possível, poderá aprender algo novo a seu respeito. Com o tempo, suas reações podem incorrer em padrões bem definidos. Se você os examinar com simpatia desapaixonada, poderá ser capaz de adquirir algumas idéias sobre o erro fundamental que cometeu tempos atrás, quando decidiu, de algum modo e até certo ponto, "prosseguir sozinho".

Neste momento, é possível que o problema tenha sido corrigido no plano físico; pode ser que você tenha estabelecido ordem e controle, mas a causa originária, que é, na verdade, a atitude mental, permanece. Esta é a razão pela qual ocorrem as reações, a mente tentando restabelecer os velhos padrões, enquanto você (o você verdadeiro) está atarefado, estabelecendo uma nova maneira de viver. Com base nesta descrição, você pode ser capaz de apreciar o real valor desse exercício aparentemente banal. No homem mediano, as atitudes errôneas e os erros criaram uma "falsa vontade". De vez em quando – sobretudo em momentos de pressão – a vontade real atua, mas geralmente é a falsa vontade que comanda. Logo que você tenta *conscientemente* alterar os padrões e trabalhar a partir do plano físico, os velhos hábitos são rompidos e, durante algum tempo, o verdadeiro Eu está por cima. Uma nova ordem de comando se estabelece: vontade real, propósito mental, impulso emocional e ação física. Por mais simples que seja, um impulso espiritual verdadeiro foi concebido, executado e plantado na terra.

Com a continuação da prática, o novo sistema de controle torna-se mais solidamente estabelecido e novos padrões de hábitos são iniciados. De todos os proveitos obtidos, o mais importante feito é o seu retorno ao comando. Assim, quando você luta para manter a ordem em algum pequeno aspecto da sua vida, usando este método, lembre-se de que está planejando um golpe, está voltando ao seu trono.

Não importa onde você começa; qualquer área da sua vida servirá. Mas as pessoas muitas vezes sentem necessidade de alguma ajuda quando começam um empreendimento de tão longo alcance. O Quadro 5 lhe apresenta algumas áreas da vida que podem ajudá-lo a decidir em que padrão kármico você precisa trabalhar em primeiro lugar. Ele mostra cinco áreas gerais da vida e as decompõe nas zonas que parecem abranger a maioria dos nossos medos, pesares e frustrações. Há muitas mais. Em geral, você poderá julgar mais útil escolher, pelo menos inicialmente, uma área que tenha relações com o mundo físico. Não se esqueça de restringir o seu progresso no tamanho e no tempo. Eis dois exemplos tirados da vida.

Exemplo 1: John Smith

John tem cinqüenta anos, é casado há vinte e cinco anos, calvo, de movimentos lentos, tem uma expressão de insatisfação, é empregado como funcionário secundário numa seguradora. Nunca fez o curso superior. Seu emprego o enfada. Mora num apartamento na cidade com a mulher; gosta bastante dela, mas o casamento parece ter-se tornado insípido nos últimos dez anos. Ele não tem nenhum passatempo, exceto leituras ocasionais. Habitualmente sua noite consta de uma refeição em bandeja (mas ele aprecia a sua comida), televisão, talvez um pouco de leitura. Ele sente que perdeu e que o mundo foi amargo para ele. Interessando-se uma vez pelo espiritualismo, conheceu também muita gente excêntrica e ficou desiludido.

Num almoço, ouvindo alguém falar sobre o ocultismo em termos sensacionais, teve uma reação violenta: "Ele está dizendo besteira! Não é nada disso." A reação pouco a pouco desapareceu, mas ao longo da tarde ele teve passageiros momentos ocasionais de irritação. Indo para casa, entrou numa livraria para comprar o mais recente romance de mistério. Enquanto o folheava, encontrou por acaso este livro e, num impulso, o adquiriu. Leu-o durante o jantar, enquanto via televisão e ouvia os comentários eventuais da mulher. Leu este capítulo (e ficou surpreso por encontrar um exemplo exatamente como o dele!) e quase às duas horas da manhã foi dormir, decidido a fazer alguma coisa por si mesmo. Seus últimos pensamentos foram que este era o primeiro entusiasmo que sentira em vinte anos.

O dia seguinte era sábado. Habitualmente ele dormia até mais tarde. Nessa manhã, no entanto, acordou cedo com a sensação de que tinha algo a fazer. Por alguns momentos, discutiu consigo mesmo: aquele dia era um sábado e ele deveria continuar dormindo. Lembrou-se, porém, das palavras do livro: "Não pense, AJA." Desse modo, saiu da cama sem fazer barulho, pois não queria acordar a mulher. Não queria ser apanhado fazendo algo que poderia parecer tolo. Será que ela pensaria ser tolice? Ele não podia decidir. Compreendeu que não sabia o que a mulher pensava. Caminhou hesitante para a cozinha depois de passar pelo banheiro e lançou um olhar para si mesmo no espelho. A imagem olhou de volta para ele, desmazelado, rosto pálido, barrigudo. Serviu-se do café e foi pegar o livro e ler de novo o capítulo enquanto o tomava. Qual área da vida escolher era um problema. O trabalho era uma tortura, mas ele também não pensou muito no seu lar. Nesse momento, a imagem de si mesmo no espelho do banheiro surgiu diante dele e ele tomou uma decisão. Na verdade, durante anos, ele não se sentira com saúde; às vezes sentia-se doente. John resolveu trabalhar inicialmente com a sua saúde.

Quadro 5. Áreas kármicas da vida

Pessoal	Dinheiro/ Recursos	Lar	Relações	Emprego/ Carreira
Saúde	Suficiente?	Condição geral Conservação	Casamento	Desempenho
Aparência	Controle adequado	Aspecto	Relações físicas, incluindo estabilidade, sexo, comunicação, amizade, camaradagem, interesses comuns, prazer, confiança, recursos (dinheiro, posses), ajuda mútua	Dinheiro
Roupa	Gasto correto	Limpeza	Amizades, incluindo comunicação, confiança, interesses comuns, ajuda mútua	Localização adequada
Hábitos	Economia adequada Investimento correto	Ordem Conforto Beleza		Estabilidade Perspectivas Relacionamento com os outros

Que fazer em seguida? Pensou em dieta, ginástica calistênica, *cooper* e levantamento de pesos. Houve um tempo em que era saudável e havia jogado futebol no exército. O que ocorrera com ele desde então? Nesse momento, decidiu fazer um exame de avaliação médica. Era sábado, de modo que teria de esperar para marcar uma consulta. "Um dia da próxima semana", pensou, "quando tiver tempo." Mas o livro dizia para "usar a disciplina do tempo", de modo que ele resolveu que telefonaria do escritório na manhã de segunda-feira. Havia nisso, de certo modo, um sentimento de decepção. Ele queria fazer algo naquele momento.

Nessa altura de suas reflexões, interrompeu-o a chegada da mulher, que queria saber por que ele não podia dormir. John replicou dizendo estar um pouco deprimido e pensara em fazer um *checkup* num dia da próxima semana. Para sua surpresa, ela concordou que ele precisava fazê-lo e confessou que sentia a mesma coisa. Durante o desjejum, falaram sobre os primeiros dias do seu casamento. Não tinham falado tanto durante anos. O fim de semana transcorreu de maneira perfeitamente normal, exceto que várias vezes John teve uma secreta sensação de euforia, que desapareceu quando ele tentou pensar no que isso poderia representar.

A manhã de segunda-feira chegou como sempre acontece, mas ele se levantou mais cedo do que de costume. No domingo, ele achara um diário que lhe deram no Natal. Ele deveria ser um registro do seu plano. Levou-o para o trabalho e, sob o título em negrito PROJETO APOLO, registrou a hora da consulta com o médico.

Quando chegou a hora, a visita foi antes uma decepção. Não havia nada de errado nele que uma dieta racional e exercícios regulares não fossem capazes de curar. Ele teria de perder algum peso. Ele e a mulher conversaram sobre isso ao voltarem para casa. Parecia que ela tivera aulas de dietética na faculdade e as dietas foram estudadas longamente. Após o jantar, a conversa prosseguiu e John discutiu a forma que deveria assumir o seu exercício. Lembrando-se de um livro que lera certa vez, foi sugerida a ioga. Para surpresa sua, a idéia teve uma acolhida entusiástica. Ela assistira na televisão a uma série – "nada de respiração e coisas divertidas, apenas os exercícios". Decidiu matricular-se nas turmas do centro esportivo local. Mas agora ele estava cônscio da sua tendência a deixar o barco correr, de modo que anotou no diário para fazer a matrícula no dia seguinte após o trabalho.

O dia seguinte acabou sendo um dia dos diabos. John estava exausto e muito tentado a deixar as coisas correrem durante um certo tempo. A lembrança da sua anotação no diário, para não falar das perguntas da esposa, convenceu-o de que o esforço tinha que ser feito. Cansado, dirigiu-se para o centro. Ao chegar lá, o Projeto Apolo, a dieta especial e a ioga pareciam coisas ridículas. Não queria nada mais do que sentar-se e ver televisão. Mas estava ali agora e podia da mesma forma fazer algo. Sua sorte estava lançada. Havia uma vaga no curso que começava na sexta-feira. De forma totalmente inesperada, o cansaço e a depressão sumiram e ele teve a sensação de que finalmente estava se mexendo e que alguma coisa bem dentro dele tentava levantar-se e ir em frente.

A semana passou-se lentamente. Almoços com saladas e refeições noturnas equilibradas tornaram-se a regra. Enquanto isso, John estava impaciente para agir. Rompera a sua rotina normal e não havia nada para pôr no lugar dela. Começou a sonhar acordado. Às vezes imaginava situações envolvendo os colegas do escritório. De vez em quando as cenas eram violentas. Muitas vezes ruminava sobre o passado e o que poderia ter feito dele. Realizava o seu trabalho bastante bem. A energia agitada de que estava repleto fazia-o acabar a sua cota diária de tarefas enfadonhas na metade do tempo, dando-lhe mais oportunidade para cismar. Ele se acostumara a ser alvo das piadas do escritório, mas agora reagia com irritação. O entusiasmo da sua descoberta inicial o deixara. Agora ele estava simplesmente irado e ressentido.

Chegou a sexta-feira. John tinha a sensação de ter vivido uma batalha; seus colegas de escritório também sentiram os efeitos; um novo aspecto de John se revelara. Uma vez mais, ele lutou para chegar ao centro. O trânsito estava pior do que de costume. Estava atrasado e encontrou a turma já reunida.

Sentindo-se ridículo, gordo e cinqüentão, ouviu emburrado a palestra introdutória. Quando chegou a vez de fazer os exercícios iniciais, o pior estava por vir. Mostraram-lhe uma roupa esquisita que esperavam que ele usasse nas aulas e nos exercícios em casa. Ele se sentiu pior do que nunca; passou-se uma hora e meia – e para quê? Seu estômago protestava, ele estava com dor de cabeça, cansado e parecia ridículo. Mas ir embora teria feito com que parecesse ainda mais louco.

Os alunos se sentaram em esteiras e procuravam seguir as posturas aparentemente fáceis do instrutor. John, porém, percebeu que não estava sozinho em suas dificuldades. Outros pareciam, pensou, piores até do que ele e alguns não podiam dominar nem mesmo os exercícios mais simples. Redobrou os esforços e foi recompensado por uma palavra de aprovação do instrutor.

De repente, sentiu-se bem. Seu estômago ainda protestava, a cabeça ainda o molestava, estava mais cansado do que nunca, e agora estava todo doído! Mas não se preocupava mais se parecia ridículo ou não, e sentia-se bem.

A aula terminou, John moveu devagar o corpo dolorido até o carro e rumou para casa. No caminho, pensou no quanto devia dizer à esposa. Guardava zelosamente o seu interesse recém-descoberto e relutava em revelar como se sentia bem em relação a ele. Mas, para sua surpresa, sua esposa foi compreensiva, estava cheia de perguntas e de idéias construtivas.

Ao mergulhar os membros queixosos num banho quente, viu-se querendo conversar e partilhar seus sentimentos sobre o purgatório da semana que passou e as experiências daquela noite. Conversaram durante o jantar e pela noite adentro. Sentiu que conhecia a esposa melhor do que nunca e teve um acesso de raiva pelos anos perdidos.

Os meses se passaram. A ioga foi suportada e, por fim, apreciada. A dieta era mais difícil, mas ele se manteve fiel a ela. Sentia-se melhor, tinha melhor aparência e vestia-se melhor. Sua vida emocional, no entanto, estava um caos. Acessos repentinos de raiva, impaciência, ciúme, ressentimento e uma estranha nostalgia acossavam a sua consciência, aparentemente a esmo. Ele, cuja vida fora um modelo de idéias e sentimentos regulares e bem ordenados, sentia-se agora como se estivesse num campo de batalha. Mas estava vivo finalmente e, no meio de toda a confusão, sabia disso.

Com o passar do tempo, tornou-se cada vez mais patente que seus verdadeiros problemas estavam centrados na esposa e nos seus sentimentos em relação a ela. Quando seus problemas diminuíram, sua vida emocional revoltou-se clamando por justiça. Aos poucos, compreendeu que se refugiara numa inutilidade bem ordenada para fugir dos problemas que não podia enfrentar. Certa manhã, durante a sessão de ioga, deu-se conta de que seus problemas e necessidades tinham relação com um único tema: relacionamento. Desse modo, John, um homem desinteressante, lerdo, com problemas de saúde, está hoje bem e ativo, mas dilacerado por sentimentos tumultuados; um homem com problemas emocionais.

O caminho interior fora penetrado por uma porta comum, um problema de saúde. O início foi monótono, o caminho obstruído por tédio, inércia, confusão, fadiga e relutância. No entanto, levou-o a uma série de realizações que constituíram um breve renascimento; e um renascimento sempre implica uma reorientação. A busca da saúde levou-o a confrontar um problema até então não reconhecido. Esse problema devia provavelmente ser o mais importante do karma de John; e, se não é por si só fundamental, levará inexoravelmente a algo que *é*. Trilhando os atalhos que conduzem ao erro básico, ele se tornará um novo homem.

Os componentes do sucesso são o pensamento, a escolha, a ação e a perseverança, tudo isso constante de uma disciplinada disposição de tempo. Ler a respeito é tão-somente o começo. Tente e siga tentando e jamais será o mesmo outra vez.

* * *

Consideramos o exemplo de John Smith mais detalhadamente para apresentar um exemplo de como esta maneira de tratar os problemas do karma pode dar resultado. John Smith era um homem comum numa situação comum. Não estava implicado em tudo isso nenhum estardalhaço ocultista, apenas uma intensificação da vida. O ocultismo, adequadamente posto em prática, faz exatamente isto: acelera a evolução. Lembre-se, entretanto, de que as lutas e o progresso final de John se baseavam em hipóteses ocultistas fundamentais, como o karma, o destino e a Lei da Limitação. Nosso segundo exemplo pode ser tratado com menos detalhes.

Exemplo 2: Belinda Jones

Belinda tem uma bonita aparência, veste-se bem, é atraente e tem consciência do seu aspecto. Recém-divorciada, vive sozinha num pequeno apartamento mantido em perfeita ordem. Como John, ela se interessou pelo ocultismo. No seu caso, o trauma do divórcio propiciou-lhe essa oportunidade. Ela também leu este livro e resolveu que alguma coisa tinha que ser feita, porque a vida não era mais tolerável.

Belinda tivera uma série de relações antes de casar, todas de certo modo insatisfatórias e terminando dolorosamente. O casamento deveria ser a solução. A permanência e estabilidade eram, sem dúvida, a solução para o seu problema. No entanto, apesar dos seus esforços e dos do marido, que era agradável, tolerante e generoso, o casamento naufragou e Belinda ficou com uma profunda sensação de perda e de fracasso. Examinando a lista do Quadro 5, "Casamento/relação física", esse era, evidentemente, o tópico para ela, mas qual dos subitens era pertinente? Nenhum deles fora, na verdade, satisfatório em seu recente casamento; não fora, porém, por falta de tentativa. Depois de pensar muito, ela chegou à conclusão de que problemas idênticos tinham sido encontrados em todas as suas relações.

Nesse momento, o sofrimento do seu recente divórcio a venceu e ela ficou alguns minutos chorando por puro desespero. Em seguida, sentiu uma reação súbita à idéia de analisar o seu passado. Afinal de contas, os divórcios eram bastante comuns. Não havia nenhum motivo para relembrar o passado; fosse como fosse, ela estava em melhor situação sozinha. Mas a sua mente recusava-se a deixá-la em paz. Lembrou-se da recomendação para agir em vez de pensar e da necessidade de dar tempo ao tempo. Finalmente, resolveu ocupar meia hora diária pensando num dos subitens da lista, começando pela estabilidade e terminando pela ajuda mútua.

Na prática, a tarefa não foi fácil; várias vezes quase a abandonou, dominada por sentimentos de impotência. Mas havia também satisfação, quando aspectos das suas relações que antes ela se recusara a encarar ficavam ao alcance da sua memória. O passado se fora, mas pelo menos poderia ser enfrentado com determinação e, talvez, compreendido. De vez em quando, em meio do sofrimento e da confusão da sua busca, havia um lampejo de exaltada compreensão, quando um padrão ou hábito de pensamento recorrente era reconhecido. Mas, geralmente, tratava-se de uma experiência traumática.

Quando a coisa terminou, ela chegara a uma conclusão para ela surpreendente. De todos os tópicos da lista, dois – estabilidade e recursos – provocaram nela a maior reação. Resolveu dedicar suas sessões de meia hora exclusivamente a esses dois tópicos.

O problema da estabilidade apresentava-lhe uma porção de problemas. Ela sentia necessidade de coisas para estar segura, prevenida e estável, sem dúvida, mas quem não sentia? As conseqüências mais profundas lhe escaparam durante algum tempo, até que ela percebeu que, no seu espírito, a estabilidade e os recursos necessários caminhavam juntos. Considerou que precisava de bens e de dinheiro para garantir a sua estabilidade e que, sem eles, havia um risco de o seu mundo, de certa forma, desabar. Parecia que ela tinha necessidade desses bens para manter sua integridade psicológica; sem eles, sentia não ser nada. Ao pensar nisso, tornaram a voltar-lhe as lembranças do seu casamento e das relações anteriores, o medo e as preocupações. Não foi uma experiência agradável, mas lhe trouxe um grau de percepção que jamais tivera antes.

Ela se deu conta de que sua constante ansiedade em relação à segurança no emprego e as perspectivas de promoção do marido, seu excessivo cuidado com o orçamento, sua repulsa às experiências novas, sua possessividade pegajosa e a maneira claustrofóbica como o casal vivia finalmente fizeram até mesmo o seu complacente marido sentir-se um prisioneiro. Isso foi para ela uma revelação. Ela dirigira a atenção para um problema de relacionamento, mas este a levara a uma área completamente diferente.

Belinda ainda tinha problemas. De fato, às vezes parecia ter mais problemas; mas fora-lhe acrescentada uma dose de compreensão. Ela estava agindo e o processo não ia parar aí. E, como John, estava viva de novo.

* * *

O elemento oculto ou mágico nesses ações totalmente comuns é a *intenção voluntária*. A intenção voluntária seguida de ação dentro de uma disciplina rígida de tempo é a receita. Se você resolver empreender uma tarefa semelhante na sua vida, lembre-se de manter o seu senso de humor. Seja bom consigo mesmo. Você é uma pessoa importante com um destino singular ainda por cumprir.

O destino torna disponíveis habilidades e aptidões que o ampliam e aumentam a sua auto-expressão. O karma o limita, faz de você o que você *não* é e procura manter você assim.

O destino das pessoas é inteiramente individual, mas cada destino entra numa categoria bem definida. Nesse sentido, os destinos são como rostos. Cada rosto humano é único, ainda que possa ser classificado, de modo geral, como redondo, oval, triangular e assim por diante. O destino individual pode ser dividido em tipos de aptidão e capacidade.

Você pode, por exemplo, ser um cientista nato. Isso não significa que você nasceu em cada vida com um conhecimento de química ou física. Mas indica que você tem uma aptidão natural para o pensamento lógico, a classificação, a observação e a dedução. Um artista teria o dom de representar as forças naturais, as emoções humanas e a ambição em algum meio ou outro – pintura, cerâmica, música, teatro e assim por diante. Os erros iniciais podem distorcer e corromper de tal modo o impulso espiritual original, que você acaba acreditando ser o que não é e agir de acordo com isso. Um artista pode tentar forçar-se a ser um cientista, ou o cientista pode tentar atuar sob a máscara de um administrador. Nesses casos, o destino está sempre procurando encontrar um canal e às vezes os resultados podem ser grotestos. Se você age dentro do traçado do seu destino, é virtualmente um gênio. O karma gera frustração e, na melhor das hipóteses, mediocridade.

"Peter" toca contrabaixo numa orquestra. É, sem dúvida, competente, fiel e de confiança, mas não é, certamente, um músico de alto gabarito. No entanto, ele organiza os programas e outros assuntos da orquestra de maneira brilhante. De um grupo desconhecido e próximo da falência quando ele ingressou, seus esforços tornaram a orquestra sólida, bem equipada e em boa situação financeira. Todo mundo reconhece que ele tem vocação para organizar. Isto é verdade, pois ele é um administrador inato. Infelizmente, o seu karma fez dele um músico simplesmente medíocre.

"John" é técnico em eletrônica e está trabalhando na síntese de um som musical. Mas ele toca um sintetizador muito melhor do que pode projetar um. Eis aqui um cientista pelo karma, mas um artista pelo destino.

Ora, este livro ocupa-se do aspecto prático da Cabala. É escrito para os que querem *fazer* algo em lugar de apenas falar sobre isso. Por isso é compreensível que alguns leitores se perguntem por que tanta ênfase foi posta no karma e nos infortúnios e problemas dele resultantes. O ocultismo, no entanto, trata da pessoa como um todo, e não apenas da mente. Se você espera se servir da Cabala para ampliar seus horizontes e explorar o seu mundo interior, deveria compreender que, pelo menos no início, estará se conhecendo. O karma fez de você o que você é. O destino representa o que você deveria ser. O karma faz parte do passado; o destino faz parte do futuro. Quando você começa a trabalhar com o sistema cabalístico e o trata com seriedade, mudanças ocorrerão dentro "dos espaços da alma batidos pelo vento". As mudanças se darão dentro da sua própria substância.

Em cima da porta do Templo dos Mistérios estão inscritas as palavras "Conhece-te a ti mesmo". O estudo do karma e do destino é fundamental para esse objetivo de autoconhecimento, que dá acesso ao templo.

Capítulo 11

A Anatomia do Ritual

O ritual é um símbolo vivo. Como todos os símbolos, a ação cerimonial é uma forma que representa uma ou mais realidades, mas – diferentemente do tipo de símbolos de que tratamos até agora – um ritual envolve os nossos níveis físico e etérico, assim como os planos emocional e mental. É uma extensão do interior "para dentro" da matéria.

O ponto importante de todas as operações ocultas seria a *mudança no plano físico*. Mas não há necessidade de restringir a mudança tão-somente ao resultado dos trabalhos esotéricos formais. Uma mudança de atitude, por exemplo, redundaria numa alteração do modo de vida no plano físico. Uma idéia – uma forma mental – torna-se uma realidade física, talvez uma nova invenção. Naturalmente, um sistema de ação que pode revestir uma concepção abstrata ou uma força sutil com um veículo nos níveis mental, emocional, etérico e físico ao mesmo tempo já está perfeitamente a caminho de uma expressão completa de mudança na terra, e um ritual corretamente executado pode fazer exatamente isso. Este é o segredo do êxito de um ritual oculto corretamente executado: uma escada de Jacó leva do céu à terra e podemos usá-la para evitar as deformações e danos dos nossos desvios para expressar uma perfeição no microcosmo.

Disseram que, se os símbolos geométricos são as letras do alfabeto dos mistérios, então os símbolos compostos são palavras; símbolos personalizados podem formar sentenças e os símbolos dinâmicos podem compor capítulos inteiros do grande *Livro da Vida*. O símbolo cerimonial dramático é realmente todas estas coisas e mais, e exibe, em miniatura, a "Grande Obra".

Tipos de Ação Ritual

Existem três maneiras básicas pelas quais podemos usar os nossos vários corpos como um todo unificado para construir a nossa própria escada de Jacó.

Cabalística

Como o nome sugere, este método baseia-se na abordagem monoteísta da Cabala. Um templo sefirótico apropriado é formulado conjuntamente na imaginação pelos participantes, geralmente auxiliados por um certo grau de simbolismo do plano físico que seja adequado. Por via de regra, há um mínimo de movimento físico; mas faz-se muito uso de nomes hebraicos de Deus e de outras "palavras de força" convenientes. As palavras da cerimônia orientam a imaginação visual e a disposição de ânimo das pessoas presentes, criando, desse modo, uma forma do plano interior. Os oficiantes do rito meditam vigorosamente sobre a força (ou virtude) sefirótica desejada e a "injetam" na forma preparada, pronunciando o nome hebraico adequado à forma divina, arcanjo ou anjo, escolhida para concentrar a força da sephirah. Em mãos capazes, isto pode produzir resultados extraordinários. Isso, no entanto, exige experiência e um elevado grau de competência, e não é um método para principiantes.

Egípcia

Esta forma de ação é extraordinariamente politeísta, utilizando como o faz as muitas formas divinas dos antigos mistérios egípcios; bem compreendida, contudo, ela é monoteísta, pois o sacerdócio secreto acredita na idéia de um "Único Deus com muitas faces". Na montagem do cenário, utiliza-se uma certa dose de visualização coletiva, mas faz-se uso maior das formas divinas e de certos gestos formais, simbolicamente característicos do Deus cuja força é invocada. As formas divinas adequadas são formadas como se estivessem localizadas em determinadas partes do templo e, no auge da ação, um ou mais dos oficiantes do ritual "assume" a forma divina. Este ritual consiste em fundir mentalmente a forma visualizada do deus com a forma física do oficiante, imaginando que o corpo do deus envolve e penetra inteiramente o corpo do oficiante. O mais importante é que a cabeça do deus se une ao oficiante do rito. Se este processo complicado é realizado com sucesso, o sacerto ou sacerdotisa fica impregnado com a força do deus e a sua boca "fala com a voz de Hórus" ou de quem for. Também este não é um método para o aspirante a mago!

Grega

A terceira abordagem usa a música, a poesia e o movimento, em primeiro lugar para representar e, depois, para invocar a força desejada. O movimento ritual estilizado, muitas vezes na forma de uma dança, retrata a força. A poesia e os cantos evocativos incitam a imaginação, e o poder do deus encontra expressão na mímica e no movimento da coreografia. Alguns exemplos desse método são muito estilizados e organizados, mas ele também se presta à expressão informal e espontânea.

Os três métodos básicos correspondem a níveis de consciência: o cabalístico corresponde à mente abstrata, o egípcio à mente concreta e o grego às emoções. Naturalmente, mesmo o grego tem o seu aspecto abstrato numa vida da qual todas as coisas procedem; e os três têm os níveis físico e etérico presentes nos corpos daqueles que participam. E método nenhum dará absolutamente resultados, salvo se os sentimentos forem despertados, pois a emoção é "o burro que puxa a Arca". O que se quer dizer quando se afirma que uma determinada abordagem corresponde a certo aspecto da psique é que um certo nível da mente é usado para motivar e controlar a operação; mas *todos* os níveis são ativos, do contrário não poderia haver nenhuma escada de Jacó.

Aspectos Subjetivo e Objetivo do Ritual

Cada faceta da vida humana tem um aspecto subjetivo (pessoal ou interior) e um lado objetivo (ou exterior). O ritual não constitui exceção. Qualquer participante de uma cerimônia reagirá ao que está acontecendo. Emocionar-nos-emos, pensaremos, receberemos impressões, e assim por diante. Outras pessoas presentes também terão emoções, idéias e impressões, mas estas não precisam ser (e provavelmente não serão) as mesmas para duas pessoas. Por outro lado, algumas das nossas idéias e sentimentos podem ser partilhados por todos os presentes, o que sugere reações a algo que existe "exteriormente", independentemente do universo pessoal dos participantes. Do mesmo modo, a testemunha de um acidente de rua terá reações próprias ao acontecimento, pena talvez, ou reações à vista do sangue. O médico que presta assistência ao ferido terá provavelmente reações subjetivas inteiramente distintas, e um policial teria ainda outras reações muito diferentes. No entanto, todos provavelmente concordarão em certos pontos: o fato de ter havido um acidente, a presença do carro, o chofer, o pedestre machucado, o aparecimento do sangue, etc., são elementos objetivos, que o policial poderia chamar de "fatos".

A questão da objetividade é um ponto importante no ocultismo prático, sendo aquele que provoca uma porção de problemas entre os iniciantes. Não é raro ver o rótulo de "verdadeiro" aplicado a fenômenos objetivos e de "imaginário" aplicado a qualquer experiência interior. Isso não é nem útil nem exato, uma vez que tende a depreciar a experiência pessoal. Se entendermos por subjetivo "dentro do eu" e por objetivo "partilhado pelos outros", então, muito simplesmente, subjetivo significará individual e objetivo significará coletivo. Ambos os significados são válidos. Um ritual realizado por uma pessoa, ou mesmo por duas, pode ser rico em experiência subjetiva e ter pouco conteúdo objetivo; poderia, contudo, ser muito eficaz.

Alguns rituais destinam-se a provocar reações subjetivas até a exclusão quase total da reação objetiva. Um exemplo desse tipo de influência seria um grupo de crescimento ou de renovação, onde uma força especial seria produzida na cerimônia, reagindo os participantes segundo sua capacidade e sua experiência passada. Outra influência poderia acentuar o lado objetivo, sendo elaborada para proporcionar a todos os presentes uma experiência comum.

No entanto, ninguém é uma ilha. O objetivo transborda para o objetivo e a alma individual para a alma do grupo. Alguns filósofos chegaram a afirmar que a objetividade é simplesmente um requisito ou acordo comum do que deve ser considerado um fato. Seja como for, o ritualista iniciante deveria compreender claramente que toda atividade – pelo menos no início – é inteiramente subjetiva. A magia age sobre a alma, não sobre a matéria diretamente. Mas, quando uma corda sensível dentro da alma provoca uma reação da alma da natureza, então o subjetivo se objetivou, e a vida individual recebe um influxo de força e idéias oriundas da vida superior. Esses momentos raramente serão esquecidos.

Simbolismo e Ritual

Em quase todos os capítulos desta obra, foram mencionados símbolos de um ou de outro tipo. Contudo, por mais forte que seja a sua vontade de começar o seu trabalho e praticar o que aprendeu, deve sempre se lembrar da teoria. A superstição foi definida como a execução de uma cerimônia da qual não se conhecem as razões; no ocultismo prático, isto é imperdoável e possivelmente perigoso.

Se pusermos alguma ordem no nosso pensamento, usando os quatro mundos cabalísticos como diretriz, deveremos considerar Yetzirah como a "sede" da maioria dos símbolos e glifos de que estivemos falando. Yetzirah é o mundo dos sentimentos e das emoções, uma fase mais antiga do que esta, um estado que reinava antes que a disciplina da linguagem desse origem a essa especialização da consciência que chamamos mente concreta. Os símbolos estão mais próximos da essência interior do que a linguagem. Este mundo de Yetzirah é, em alguns aspectos, semelhante a

Atziluth, mas num nível inferior. Tanto Yetzirah como Atziluth são dinâmicos e têm movimento livre. Atziluth em relação à força e Yetzirah sob o aspecto da forma. Um símbolo arquetípico, cujo nível normal é Yetzirah, é simplesmente uma construção que espelha alguma atividade fundamental do mundo de Atziluth. Se você compreende este princípio, isso pode dar uma percepção do modo como funciona a magia congenial. Levando em conta os símbolos com que nos deparamos até aqui, você perceberá que eles se dividem em quatro categorias muito bem definidas, e essas categorias correspondem ao tipo de força ou do ser representado. O tipo dramático ou cerimonial do símbolo é o mais complexo, porque é uma ampliação ao mundo de Assiah (o universo físico) dos símbolos dinâmicos de Yetzirah. Ver Quadro 6.

A esta altura, deveria estar claro que o objetivo final de todo legítimo trabalho oculto é *realizar* o plano verdadeiro – para você mesmo, para o grupo, para a humanidade e para este planeta como um todo. Realizar significa "tornar real". E real quer dizer "efetivamente existente, objetivo, não apenas aparente, que ocorre de fato" (Dicionário de Oxford). O simbolismo dramático, comumente denominado "ritual" ou

Quadro 6. Correspondências Simbólicas

Tipo ou Símbolo	Classificação	Exemplo	Mundos Cabalísticos
Geométrico	Força abstrata	Ponto, Linha, Círculo	Atziluth
Composto	Força organizada	Anhk, Cruz	Briah
Personalizado	Força inteligente	Arcanjo, Ísis-Osíris	
Dinâmico	Cadeia simbólica	Atividades do caminho, Imagens mágicas	Yetzirah
Dramático	Padrão de força	Cerimonial, Ritual, Invocação/Evocação, Iniciação	Assiah

"cerimonial", constitui o elo final e essencial dos mundos interiores com o plano físico. No ritual, o padrão simbólico utilizado para canalizar as forças internas não é "simplesmente aparente" (uma imagem mental), mas "tem existência real", "ocorre de fato", é real e vivo.

Um ritual pode ser (e muitas vezes é) realizado por uma única pessoa. Duas ou três pessoas constituem um grupo ritualístico perfeitamente adequado a muitas finalidades, enquanto outras situações exigem seis ou mais participantes. Em todo caso, no entanto, a única pessoa ou as várias que participam estão – enquanto durar o ritual – ilustrando um símbolo ou uma cadeia simbólica. A idéia ou a força representada está sendo baixada à terra.

Você agora sabe que deve aplicar os ensinamentos à sua vida quotidiana e tentar constantemente dar expressão aos seus ideais e concepções. A execução de um ritual destinado a expressar o ideal de verdade de modo algum afasta a necessidade de exemplificar esse ideal na vida. Se o símbolo ritual elaborado para representar a verdade for adequado e se a cerimônia for corretamente executada, então, enquanto durar o ritual, uma forma perfeita para a "verdade" existirá em Malkuth. Ótimo! Mas este fato não elimina a necessidade de encarnar esse ideal na vida e no meio ambiente.

O templo é um pouco parecido com o laboratório do químico industrial. Ali o produto é preparado dentro de condições ideais; mas antes de poder ser colocado no mercado como um artigo doméstico, deve primeiro sair do laboratório; do contrário, permanecerá desconhecido e imprestável. O ritual é uma ferramenta muito poderosa. Pode ser usada sempre que houver necessidade de expressar um ideal ou de contatar, concentrar e dirigir forças. Suas aplicações abarcam o desenvolvimento pessoal e do grupo, a renovação e a cura individuais, do mesmo modo que a cura das nações.

Os Rituais na Prática

O "equipamento" do ritual é constituído dos símbolos físicos utilizados nas suas cerimônias. Para executar um ritual você deveria usar os objetos ritualísticos específicos, pertencentes ao sistema que você escolheu para trabalhar. Não misture os sistemas, ou seja, não use nomes de deuses cabalísticos junto com imagens egípcias, etc. Os rituais são mais bem realizados em locais reservados para esse propósito, embora isso nem sempre seja possível. A experiência mostra que, quando as cerimônias são executadas regularmente num único lugar, a atmosfera se torna "sintonizada". Depois de uso reiterado, os símbolos ficam envoltos por um campo etérico, uma espécie de réplica do símbolo físico. Do ponto de vista de um plano interior, o templo todo se torna um modelo de forças unindo o equipamento numa forma geométrica. Quando uma cerimônia é realizada em tal ambiente, muito do árduo trabalho de preparação da atmosfera se torna desnecessário, porque as formas são criadas facilmente em condições de proteção e adquirem uma solidez que não é fácil de obter quando não se tem um centro real.

Evidentemente, estas são condições de que poucos trabalhadores solitários podem desfrutar nos nossos dias. Contudo, é possível conseguir muito pela improvisação, pela *pureza de intenção* e pela profundidade de sentimento. As condições aqui descritas são convenientes para um grupo ritual estabelecido, mas são ideais para o estudante solitário. Servirão como um termo de comparação.

Todo local utilizado para a execução de um ritual torna-se, pelo menos enquanto durar a cerimônia, um templo, mesmo que seja um quarto de dormir adaptado para esse fim. As observações seguintes, embora se apliquem a templos permanentes, podem ser aplicadas, em muitos casos, a locais adaptados provisoriamente para as cerimônias.

Teoricamente, o cômodo deveria ser suficientemente espaçoso para admitir o equipamento necessário e os oficiantes que irão executar o ritual. Seria bom que tivesse uma forma quadrada. Tradicionalmente, o templo é orientado de acordo com a posição de uma bússola: norte, leste, sul e oeste, ou seja, cada quadrante do cômodo corresponde ao seu ponto cardeal particular. Uma parede torna-se o quadrante oriental, a oposta, o ocidental, e as outras duas paredes se tornam norte e sul. Não é estritamente necessário para a orientação que sejam os pontos cardeais: se um quadrante do cômodo for considerado o leste, então, do ponto de vista do mundo interior, *será* o leste e os outros quadrantes assumirão seu significado próprio. Entretanto, se for totalmente possível, é melhor alinhar-se com a rosa dos ventos física, uma vez que determinados rituais, que envolvem forças etéricas e elementais, exigem efetivamente fluxos de força leste-oeste verdadeiras.

No sistema usado por muitos grupos, o quadrante oriental é reservado ao elemento ar, o ocidental à água, o sul ao fogo e o norte à terra. Outros sistemas às vezes conferem outras atribuições. Os quatro quadrantes obedecem ao movimento do sol, no sentido do ponteiro dos relógios, e à seqüência das quatro estações do ano. O sol nasce no leste, está no seu ponto mais alto no sul, põe-se a oeste e é invisível no norte. Da mesma maneira, ao leste é atribuída a primavera e todo novo desenvolvimento; ao sul, a maturidade; ao oeste, o declínio e a morte; e ao norte, a condição do mundo interior entre as vidas. Assim, este aspecto do simbolismo do templo é um quadro vivo do progresso do sol de Deus e da alma da humanidade.

Hoje, para a maioria das pessoas, o teto do templo não é uma cúpula abobadada, mas o forro do cômodo de que se servem para essa finalidade. Ele simboliza tudo o que é superno, todas as coisas que são "superiores" ou mais "internas" do que o nível do trabalho comum. Se, por exemplo, um rito de Yesod estiver sendo realizado, o forro representaria as sephiroth superiores de onde, presumivelmente, estaria sendo haurida a inspiração interior para o ritual.

O chão é muitas vezes tomado para representar o nível abaixo do qual o centro da cerimônia é dirigido. No exemplo de um ritual de Yesod, o chão representaria Malkuth. Na verdade, é uma boa idéia fazer o chão representar o universo físico em todos os casos. Um dos erros mais comuns das cerimônias ritualísticas reside em não compreender as forças invocadas da terra.

Um templo pode servir para a realização de uma ampla variedade de atividades, de modo que é limitado o uso da cor de uma forma definida. Na prática, o chão fica melhor com um tapete de tom escuro uniforme, preto, castanho ou verde-escuro; ele não deveria perturbar a visão. O forro tampouco deveria chamar a atenção e seria bom que fosse pintado de azul escuro ou índigo. Dessa maneira, num cômodo vagamente iluminado, tem-se a impressão de se estar ascendendo. As paredes ficariam melhor se tratadas com uma cor neutra. Será útil uma certa dose de luz refletida; em demasia, a luz pode perturbar. Usa-se às vezes uma cor meio cinza, que evita o problema do movimento oblíquo da cor.

Todas as pessoas presentes ao ritual devem ter um lugar para sentar, e é prática comum dos oficiantes do cerimonial de hoje ter cadeiras especiais para indicar sua função no ritual. Essas cadeiras são freqüentemente conhecidas como "tronos" e são de um modelo diferente das cadeiras nas quais costumam instalar-se os outros membros. Muitos rituais exigem que haja um oficiante para cada um dos quatro quadrantes, e cada trono é colocado exatamente no centro de uma das paredes. Um trono tem um grande significado nas cerimônias e representa a "função", mesmo quando o oficiante físico não o está ocupando. Quando fora do templo, um oficiante é uma pessoa e fala como uma pessoa, mas, quando ocupa uma dessas cadeiras, o oficiante fala "ex cathedra" (do trono) com o poder e a autoridade da função. Grande número de atividades são controladas do leste, onde é colocado o trono do oficiante principal. Esse lugar tem excepcional importância. É o assento do hierofante e, nos rituais de iniciação, representa muitas vezes o poder que está por trás do véu, a ordem do plano interior de onde o grupo do plano físico recebe seus contatos e seu mandato para iniciar.

O símbolo fundamental de qualquer templo é o altar. No cristianismo ortodoxo, ele é colocado no leste; nos templos dos mistérios, ele geralmente se situa no centro. Assim, ele pode ser visualizado como o ponto de concentração das forças dos quatro quadrantes ou núcleo dominante da roda de força de quatro raios. Todos os altares são lugares de sacrifício. Nos templos antigos, os sacrifícios eram sangrentos ou se queimavam oferendas; hoje as oferendas são de um nível mais aprimorado, mas igualmente reais, como o neófito logo descobrirá. Inicialmente, você sacrifica os seus desvios para que sejam transmutados no ouro do espírito; mais tarde, se sacrifica a si mesmo em prol dos objetivos do grande trabalho. Fisicamente, na tradição ocidental, o altar tem as dimensões de um duplo cubo "na altura do umbigo de um homem de cerca de 1,80 m". Para diminuir a especulação sobre os atributos físicos dos iniciados, pode-se dizer que, na prática, o altar tem quase 1 metro de altura e 45 cm^2 de superfície! Muitas vezes é feito na forma de um armário, de modo que os símbolos especiais de um ritual podem ser guardados ali quando a cerimônia termina. O altar pode ser coberto por uma toalha cuja cor ou formato tem um significado na cerimônia. Na parte de cima do altar pode estar um círio ritual e outros símbolos.

Nos parágrafos sobre a Cabala, fez-se referência a uma divisão da Árvore em três colunas verticais, as duas mais exteriores representando os princípios universais de polaridade e a do centro representando a consciência. Nas lojas dos Mistérios Ocidentais, o simbolismo da coluna é utilizado com freqüência. Nas cores complementares, uma preta/uma branca ou uma verde/uma ouro, representam princípios psicológicos tanto quanto cósmicos. Sua posição no templo varia de acordo com as necessidades do trabalho. Geralmente estão entre 1,80 a 2 metros de altura e são de construção cilíndrica sobre uma base maciça quadrada.

As cerimônias normalmente são realizadas com luz artificial, porque esta pode ser controlada de uma forma que não é possível com a luz natural. E as formas etéricas delicadas que se desenvolvem, sobretudo em torno dos símbolos principais, podem facilmente se dispersar devido ao excesso de luz. Na verdade, uma das maneiras mais fáceis de dissolver uma substância etérica desvalorizada ou então indesejada é expô-la a uma luz muito brilhante, de preferência à luz do sol ou de uma lâmpada ultravioleta. Não obstante, apesar da necessidade da limitação, para a maioria dos trabalhos é necessária alguma luz. Você precisa poder andar de um lado para outro, e talvez ler. Usam-se geralmente velas para iluminar o templo, porque elas dão uma luz suave e branda e proporcionam uma chama direta. A chama é simbolicamente importante por uma série de razões, mas presta também outra colaboração. A conversão dos gases em luz e calor parece liberar uma quantidade de substância etérica, o que ajuda a fornecer matéria-prima para as formas neste nível de existência.

Como tudo o mais no templo, o número de luzes é importante. Num ritual relativo aos quatro elementos, por exemplo, poderia muito bem haver quatro oficiantes, cada qual dedicado a conduzir a força de um elemento. Cada oficiante poderia estar munido de uma vela ao lado do seu trono. Uma quinta lâmpada, provavelmente sobre o altar, poderia ser usada para simbolizar o espírito – a única vida de onde provém a existência dos elementos. Às vezes utilizam-se protetores de vidro para as velas, e suas cores são importantes. Alguns tipos de rituais podem ser realizados com a pálida luz de uma minúscula chama que flutua em óleo consagrado dentro de uma lâmpada suspensa. O que se deve lembrar é que as luzes têm uma função definida na cerimônia e não devem ser vistas como ornamentais ou simplesmente funcionais.

O simbolismo básico do ocultismo ocidental é, em sua maioria, quádruplo. Já se fez referência aos quatro elementos e aos quatro quadrantes do templo. É importante também compreender que os quatro princípios se aplicam não apenas à vida rudimentar em seu nível natural, mas também a todas as esferas de manifestação. A melhor maneira de considerá-los é estabelecendo uma analogia com os quatro mundos cabalísticos, que podem representar quatro condições de vida em qualquer nível. Do mesmo modo, os quatro elementos que existem em Malkuth são pálidos reflexos das quatro criaturas sagradas e vivas que existem em Kether. O simbolismo elementar quádruplo, tão comum na prática ritual do Ocidente, deve ser considerado algo totalmente mais abrangente do que à primeira vista pode parecer.

É bastante comum ver os símbolos dos quatro elementos pendentes das paredes dos templos. No oriente, é um triângulo apontando para cima, atravessado por uma faixa horizontal, que representa o ar. No sul, é um triângulo simples apontando para cima, representando o fogo. As paredes ocidentais trazem um triângulo que aponta para baixo e simboliza a água, enquanto no norte é um triângulo listrado apontando para baixo, representando a terra. Às vezes eles são coloridos de amarelo, vermelho, azul e preto.

Cada elemento também tem o seu próprio objeto simbólico especial, que é colocado em cima do altar. As tradições variam em suas atribuições específicas, mas o ar geralmente é representado por um punhal, a água por um copo, o fogo por um cetro e a terra por um disco. Vários arranjos são possíveis.

Isso completa o rápido esboço do equipamento ritual básico. Poder-se-ia fazer muitos acréscimos à lista, mas são de tal forma totalmente dependentes do nível e do tipo da cerimônia que estiver sendo realizada que é fora de propósito incluí-los aqui.

Finalmente, deve-se ter sempre presente no espírito uma coisa: a simplicidade. Use de preferência poucos símbolos.

Vestimentas

As vestimentas não são classificadas como "equipamento" num ritual, mas são suficientemente importantes para merecer alguma atenção. Os principais oficiantes e outros participantes da atividade cerimonial muitas vezes usam vestimentas apropriadas. O objetivo é triplo: em primeiro lugar, a vestimenta, pela sua cor e simbolismo, pode representar a força do oficiante que a usa. Em segundo lugar, as vezes rituais geram uma espécie de anonimato – a pessoa pode ser rica ou pobre, médico ou lixeiro – mas desaparece por trás da vestimenta e ali se revela como alguém que pode fazer tudo ou ser qualquer um. É como se a máscara do dia-a-dia fosse substituída por outra máscara, uma expressão totalmente mais ampla do Eu, que permite ao ser expandir-se e viver mais intensamente do que lhe permitem as roupas costumeiras. Em terceiro lugar, uma vestimenta muitas vezes usada é para indicar uma função (como a do Hierofante), um grau ou status dentro da estrutura do grupo. Num grupo adequadamente constituído, o grau não é usado como uma proclamação de um merecimento imaginado ou como um meio de impressionar os outros, mas como um sinal exterior da continuidade da estrutura do mistério e um incentivo para prosseguir. As vestimentas podem ser simples e podem ir da blusa mais simples até confecções muito elaboradas de veludo e seda, ricamente bordadas com emblemas simbólicos.

Às vezes, com as vestimentas, são usadas várias espécies de cobertura para a cabeça. Há muitos modelos diferentes, desde uma faixa de cobre em volta do cabelo até uma *nêmis* (ou nemes) no estilo dos faraós de antigamente. Um cinto ou faixa é às vezes usado em torno da cintura, feito muitas vezes de corda fina ou cordão de seda. Por vezes colorida, a faixa é sempre simbólica e seu significado varia enormemente com o sistema que está sendo posto em prática.

As sandálias são os últimos componentes da vestimenta. O templo é consagrado; por isso o seu chão é uma terra santa e não deve ser pisado por botas ou sapatos. As sandálias, que podem ter uma cor simbólica, são muitas vezes chinelas de sola macia, flexível, totalmente comuns, usadas no quarto de dormir. Para alguns trabalhos são dispensadas as sandálias e a ordem do dia é estar descalço.

Os requisitos das vestimentas variam com o sistema e o tipo de atividade, mas sejam simples ou elaboradas as vestes, devem ser compradas ou confeccionadas exclusivamente para fins rituais e jamais usadas de qualquer outro modo, ou mostradas aos que não são do grupo para cujo uso foram destinadas. Há razões psicológicas e mágicas bem fundadas para essa precaução.

Incenso

O incenso é de grande valor para o ritual. Parafraseando o poeta, os perfumes têm um efeito muito mais profundo do que o que se vê ou ouve. Tradicionalmente, há todo um alfabeto de correspondências entre as muitas forças e fatores de manifestação e as resinas aromáticas e o azeite doce empregado no ritual. Em termos cabalísticos, há um aroma atribuído a cada sephirah e caminho da Árvore. Muitos dos atributos são corretos, mas alguns são duvidosos e parecem ter sido escolhidos pela mais insuficiente das razões. O assunto é complexo e os ocultistas que reverenciam mais as correspondências e tabelas de símbolos do que as realidades que supostamente devem representar pouco fazem para simplificar a questão.

Os iniciantes fariam bem se ignorassem a controvérsia e escolhessem, entre as essências e óleos recomendados, aqueles que sintetizassem a força ou fator com que desejam trabalhar. Se um aroma for escolhido para trabalhar com Netzach, ele sempre deveria ser utilizado para essa esfera e para nenhuma outra. Dessa forma, o poder plenamente evocativo do perfume pode ser aproveitado ao máximo. Quando esse aroma for descoberto, a mente selecionará todos os sentimentos, experiências e emoções que se acumularam desde o contato passado com essa esfera. A disposição de ânimo estará definidamente em sintonia com o trabalho que estiver sendo realizado.

Há outro uso para o qual às vezes o incenso se presta. A fumaça da queima das essências ou óleos é utilizada, de vez em quando, para fornecer material para a manifestação de uma força que já tem uma forma mental para isso e uma substância etérica para revestir essa forma. A fumaça aromática é empregada para dar uma aparência física exterior que pode ser temporariamente utilizada para as finalidades do rito. Este trabalho raramente é necessário.

O Elemento Humano

Por entre toda esta parafernália ritual movimentam-se os seres humanos, os mais importantes de todos os instrumentos cerimoniais. A principal finalidade do equipamento ritual e de outros apoios é ajudar a concentração e fornecer um centro para a concentração conjunta no caso de um trabalho em grupo. O trabalho individual não necessita, no mesmo grau, do seu uso, e a experiência do oficiante pode dispensar a maioria deles. No entanto, pode ser de grande valia, para quem está adquirindo experiência nesse tipo de trabalho, uma escolha cuidadosa e o uso inteligente dos símbolos do ritual.

Contudo, toda essa parafernália será de pouca serventia se o elemento humano for inadequado. É tarefa dos oficiantes do ritual entrar em contato, canalizar e dirigir as forças escolhidas do plano interior. Para fazer isso de maneira satisfatória, deve-se estabelecer e utilizar uma série de símbolos da maneira descrita anteriormente. Os estudantes podem ser exercitados no trabalho cerimonial apenas até certo grau, e não além dele. Eles podem aprender a construir e a manter as formas exigidas, pois nisso está a essência do ritual – a construção e manutenção de formas. Mas o melhor *designer* de automóvel do mundo não pode fazer mais do que admirar a perfeição estática da sua criação, a não ser que exista um combustível para impulsionar o carro. A vida é o combustível do ritual. Sem a capacidade de entrar em contato com a força vital no nível exigido, os oficiantes estão na mesma situação. Na verdade, estão em pior situação, pois, sem a força inspiradora, suas formas serão oscilantes e se desvanecerão como as brumas matinais.

Ora, a capacidade de entrar em contato com a vida na sua essência depende de duas coisas: experiência e exercício evolutivo e liberdade em relação aos bloqueios psicológicos. Com boa vontade, honestidade e disposição de encarar a si mesmo, o segundo obstáculo pode ser superado, pelo menos até certo ponto. A exigência primordial, no entanto, o desenvolvimento interior, é uma indicação do estado do seu Eu Superior, o veículo da evolução passada. O treinamento ocultista pode ajudá-lo a estender o limite atual das suas capacidades; pode indicar o caminho para diante e ajudá-lo a trilhá-lo, mas não pode fazer uma carteira de seda usando como material orelhas de porco, seja qual for o entusiasmo do porco ou quão deslumbrante a sua pele.

Contudo, pode-se fazer muito, mesmo admitindo-se uma modesta capacidade de entrar em contato com algum setor da Vida Única e a posse de uma atitude não supersticiosa saudável com os símbolos. A consideração mais importante é uma clara compreensão do papel humano. Você é o mais extraordinário objeto do ritual. É um templo inteiro cheio de alfaias e de símbolos, todos ligados a uma estação transformadora que está unida à própria vida. O treinamento no método cerimonial ensina como usar essa ferramenta extraordinária.

Pensamento claro e emoções fortes e livres são, evidentemente, essenciais para o oficiante bem-sucedido; mas o mesmo deveria acontecer com o seu corpo e com o modo de lidar com ele. Por exemplo, o seu corpo deve ser saudável, forte e ágil para não reagir de maneira indevida quando você exige dele algo razoável. Quando estiver descansando, sentado numa cadeira, suas costas deveriam estar em posição erecta, sua cabeça bem equilibrada sobre o pescoço, as mãos em repouso e o corpo relaxado, embora atento. Para algumas pessoas isso é simples, mas surpreendentemente difícil para muitas outras. O movimento deveria ser *intencional*, regular e calmo. A fala deveria ser clara, bem modulada e traduzir objetividade. Acima de tudo, embora revelando em sua fala e movimento forças imensas e antigas verdades, você deve permanecer completamente no presente. Jamais deve perder de vista o que é, onde está e o que está fazendo, *agora*.

Capítulo 12

Exercícios Rituais Básicos

O objetivo do trabalho prático que se segue é apresentar-lhe a coordenação dos seus vários níveis. Pode-se, sem dúvida, ganhar muito com a aplicação adequada dos exercícios de que vamos tratar, mas a única maneira de tornar-se um ritualista competente é realizar o ritual e basicamente receber o treinamento e a experiência de um grupo experimentado. O que esses exercícios *farão* é ensinar-lhe os fundamentos de que é feita uma cerimônia. Como tal, a prática é valiosíssima.

Para que você seja justo consigo mesmo e com o seu trabalho, é preciso atender às seguintes condições: as roupas devem ser folgadas e confortáveis, os pés calçados em chinelos macios de qualquer tipo e o aposento estar na temperatura apropriada. Deve haver um espaço de chão limpo de cerca de 1,80 m^2 ou mais, você deve evitar a entrada da luz natural e precisa de total isolamento durante os quinze minutos ou mais exigidos para o trabalho. O nível do barulho deve ser tão baixo quanto possível, mas deve-se tapar os ouvidos no caso de certos exercícios.

Exercício 1

Para este exercício, você precisa de uma cadeira vertical – de preferência dura – e tampões para os ouvidos, se necessário. É permitida a luz normal do dia ou a luz artificial.

Inicialmente, você precisa praticar uma forma simples de ritmo respiratório, denominado respiração em quatro tempos. Não se trata de um exercício de ioga, mas apenas de um modo de ficar à vontade, relaxado e calmo. Simplesmente, inspire suavemente, contando devagar até quatro; a seguir, relaxe, deixando o ar permanecer nos pulmões, contando até dois. Depois, expire, contando até quatro; finalmente, relaxe com os pulmões vazios, contando até dois. Torne a inspirar, contando até quatro como antes e prossiga. Descubra o seu melhor ritmo e nunca o force. Se sentir algum mal-estar em determinado momento do ciclo respiratório é porque deve ter feito algo errado; provavelmente sua contagem foi longa demais. Tente diminuir a duração. Pratique este exercício até se sentir satisfeito e a respiração se tornar automática.

Ponha agora a cadeira de costas para a fonte de luz, se possível. Fique em pé com as costas voltadas para a cadeira, de maneira equilibrada, mas relaxada. Imagine que uma voz vinda da sua frente lhe ordena que se sente. Então, com um suave movimento, pondo toda a atenção no que está fazendo, sente-se. Coloque a palma das mãos estendidas ao longo da parte superior das coxas. Olhe diretamente para a frente e respire regularmente com o ritmo de quatro tempos descrito acima. Fique absolutamente imóvel e tente, ao mesmo tempo, conseguir uma tranqüilidade interior. Repita o exercício até achar que pode fazê-lo bem, e não se preocupe em mostrá-lo a outra pessoa.

Exercício 2

Ponha a sua cadeira com o encosto voltado para a fonte de luz. Fique em pé, com as costas voltadas para a cadeira, mas a uns seis passos na frente dela. Caminhar para trás ao ouvir a ordem imaginária de sentar-se, como antes. Ao fazer isso, é importante manter a cabeça erguida, ter os passos medidos e evitar a tentação de olhar para trás. Tente de novo realizar um movimento suave e continuado. Em seguida, permaneça inteiramente imóvel e respire regularmente no ritmo de quatro tempos.

Exercício 3

A versão final deste exercício básico exige a utilização de um cabo de vassoura. Fique em pé, como no exercício 2, seis passos à frente da cadeira. Segure o cabo de vassoura na sua frente com ambas as mãos, como se fosse uma espada apontada para cima. Dê passos para trás na direção da cadeira, mantendo a "espada" absolutamente vertical; faça uma pequena pausa, imagine alguém ao seu lado igualmente armado. Quando a pessoa imaginária se sentar, você faz a mesma coisa, em sincronismo. Quando estiver sentado, deixe a imagem se desvanecer e continue a manter a ponta da arma para cima e totalmente imóvel. O cabo de vassoura deve ser segurado por uma extremidade pela mão que estiver apoiada no colo; a outra mão pode segurar a "espada" logo acima. Fique imóvel e respire como antes. Tente permanecer nessa posição durante vários minutos. Aqui é útil ter um relógio ou um cronômetro de cozinha.

Exercício 4

Para este exercício, trace um círculo no chão com giz (ele pode ser apagado com o uso de uma escova). Esse círculo deve ter um diâmetro tão grande quanto possível. Fique em pé na linha em frente da fonte de luz com as mãos juntas diante de si na atitude de oração. Imagine uma voz que lhe diz para caminhar. Ao ouvi-la, vire-se e caminhe no sentido do ponteiro do relógio em volta do círculo, com passos regulares, respirando de acordo com o ritmo dos seus passos. Ande quatro vezes ao redor do círculo na direção do ponteiro do relógio; depois pare, e volte-se para o seu interior.

* * *

Uma variante deste exercício consiste em cruzar as mãos sobre o peito, como é feito com os defuntos, e prosseguir como anteriormente. O segredo reside em dar passos regulares e sincronizar a respiração. No início, é possível que se sinta dificuldade em manter o equilíbrio.

* * *

Outro método útil baseado na mesma circum-ambulação consiste em escolher uma frase tirada de um livro ou jornal ao acaso e repeti-la em sincronia com seus passos. A frase deve ser suficientemente breve para ser repetida várias vezes num exercício de quatro voltas em torno do círculo. As palavras devem ser ditas em voz baixa, porém nítida, como uma elocução ritmada. As mãos devem estar cruzadas sobre o peito como anteriormente.

* * *

A variante final deste exercício de circum-ambulação é encher pela metade um copo dágua e mantê-lo à sua frente na altura dos olhos, utilizando ambas as mãos e segurando o bojo do copo com um polegar e indicador de cada lado. Os outros dedos devem ficar juntos, voltados para diante. Circule quatro vezes no sentido dos ponteiros do relógio, como antes, mantendo os olhos fixos no copo. Ao completar o último círculo, volte-se para o interior e erga o copo tão alto quanto possa sem fazer esforço, mantenha-o imóvel durante um momento e, a seguir, baixe-o.

Exercício 5

As suas mãos são os instrumentos mágicos mais delicados. Elas podem ser usadas para curar e abençoar, para consagrar ou orientar um fluxo de força. Se o seu trabalho diário não proporciona às suas mãos um amplo exercício, você faria bem em procurar exercícios para mantê-las ágeis e desenvolver o seu sistema muscular. O presente exercício utiliza duas posições da mão: em concha e espalmada. Se houver luz natural, ela deve ser excluída tanto quanto possível.

Trace o círculo como anteriormente. Acenda a vela e ponha-a em lugar visível, mas fora do círculo. Não importa onde você ponha a vela, contanto que esteja fora do círculo. Você a está utilizando apenas para proporcionar uma iluminação moderada, não como um objeto ritual. Coloque o copo dágua, cheio pela metade, sobre um banco ou cadeira no centro do círculo. Fique em pé, voltado para a cadeira no interior do círculo e para a luz. Levante o braço esquerdo apontando para cima em linha com o corpo. Dobre a mão para trás na altura do pulso e tente formar com os dedos, que devem estar unidos, uma concha rasa. Abaixe a mão direita, com a palma para baixo, os dedos juntos sobre o copo. Os pés devem estar ligeiramente separados para manter o equilíbrio. Respire regularmente e bem fundo no ritmo quaternário. Imagine agora que a força vital (ou qualquer outro nome que queira dar-lhe) está se condensando no ar sobre os dedos em concha da sua mão esquerda, formando uma bruma dourada. Veja-a reunindo-se como um líquido vital e brilhante na concha da sua mão. Deixe-o fluir por dentro do seu braço esquerdo, atravessar a parte superior do seu peito e descer para o braço direito até a palma da mão. Daí flui, numa corrente vibrante de ouro, para o líquido que está no copo. O líquido parece ferver sob o impacto dessa energia. Depois de um breve instante, deixe que essa atividade se extinga pouco a pouco. Abaixe as mãos ao longo do corpo. Espere um momento; em seguida, erga o copo da forma indicada no último exercício. Veja a água no interior do copo como se estivesse cheia de partículas de energia radiante. Abaixe o copo e ponha-o novamente sobre a cadeira. Espere um pouco e, depois, saia do círculo e apague a vela.

* * *

Este exercício utiliza os poderes da imaginação visual em coordenação com os gestos rituais. Um exercício como este exigirá muita prática antes de ser atingida uma naturalidade e uma execução segura. O cerimonial prático é constituído de muitas dessas ações; por isso, este tipo de treinamento compensa a atenção.

Exercício 6

Este exercício utiliza as mãos como um instrumento para apontar, focalizar e dirigir. Ponha uma cadeira com os pés dianteiros num dos lados de um círculo e sobre ela uma vela acesa. Coloque outra cadeira de igual modo no lado oposto do círculo e pouse nela qualquer objeto pequeno, como um ornamento. Elimine, tanto quanto possa, a luz natural e ocupe o seu lugar no centro do círculo, com as costas voltadas para a luz. Fique em pé, com os braços ao longo do corpo por um instante, respirando segundo o método quaternário. Enquanto estiver fazendo isso, imagine que a luz que vem da vela penetra nas suas costas e se acumula sob pressão crescente na zona do seu ombro direito. Levante então lentamente o seu braço direito e aponte-o, absolutamente reto, para o objeto que está na cadeira distante. Os dois primeiros dedos devem ficar estendidos, juntos, como ponteiros. Os outros dedos devem estar dobrados na palma da mão e presos pelo polegar. Imagine agora a energia confinada no seu ombro como se repentinamente fosse liberada, fluindo com vigorosa força pelo seu braço direito esticado até os dedos que estão apontando, onde ela é liberada num feixe luminoso no sentido do objeto. Tente isso várias vezes, relaxando-se nos intervalos da prática da respiração.

Exercício de Comunicação

A vida real é, em grande parte, uma questão de comunicação efetiva. O ocultismo é vida condensada e o ritual deveria ser um exemplo de uma forma aperfeiçoada da vida. Convenientemente realizado, o ritual é também uma demonstração de comunicação perfeita. Para este exercício, escolha um poema ou um trecho curto de prosa, de preferência de natureza comovente ou evocativa, e leia-o todo para conhecê-lo bem.

Não é preciso que o aprenda de cor. Deve-se colocar duas cadeiras na beira do círculo, uma defronte da outra. No centro do círculo, no chão, ponha uma vela acesa. Uma segunda vela é colocada à esquerda de uma das cadeiras, numa posição que forneça luz suficiente para que se possa ler. Sente-se nessa cadeira e respire, durante alguns minutos, segundo o método quaternário. Enquanto fizer isso, imagine um membro do sexo oposto como se estivesse sentado na cadeira do lado contrário. Depois que tiver feito isso tão bem quanto puder, comece a ler o texto. Corra os olhos por uma frase ou linha de cada vez, depois erga os olhos e transmita-a à imagem oposta a você. Tente dar à voz um tom ligeiramente mais baixo que de costume. *Sinta* o que estiver dizendo e deixe que suas emoções fluam, transportadas pelas palavras para o seu destino. Veja se pode imaginar algum tipo de fluxo de retorno. Teoricamente, é claro que este exercício deveria ser executado por duas pessoas, cada uma delas tendo a sua vez na transmissão, mas isso raramente pode ser obtido. O propósito essencial do exercício é acostumá-lo a se servir da fala como veículo do sentimento. Ele também ajuda a familiarizá-lo com as técnicas de polaridade ritual. O êxito depende da capacidade natural e, em larga escala, da prática do relaxamento.

Exercício das Colunas

Este exercício abrange tanto o movimento físico como o uso da imaginação visual. Ele está relacionado com as colunas. Nele, as cadeiras funcionam como foco das imagens que você constrói mentalmente.

Para isto, são necessárias quatro cadeiras (ou três cadeiras e uma pequena mesa) e uma vela. Escolha um canto do cômodo e dê-lhe o nome de leste. Coloque uma cadeira ou pequena mesa ali para apoiar a vela. Ponha outra cadeira no oeste; esta é para você se sentar. Faça um círculo com um diâmetro de 1,20 m, de modo que o seu centro esteja na mesma linha entre as suas cadeiras, eqüidistante do seu limite. Posicione as outras duas cadeiras em ângulos retos com a linha leste-oeste com as pernas traseiras tocando o círculo de maneira que fiquem de costas uma para a outra fora do círculo. Essas duas cadeiras representarão as duas colunas.

Acenda a vela e sente-se. Faça a respiração quaternária durante meia dúzia de ciclos e, quando sentir que está calmo e seguro, deixe mentalmente que as duas cadeiras se tornem as bases de duas grandes colunas. A da direita é branca e a da esquerda é negra. Veja-as elevando-se; imagine a tensão incrível que deve existir entre essas duas enormes representações da polaridade universal e individual. Pense em todos os complementares que esses princípios representam. Note, em contraste com o tamanho e altura delas, o estreito espaço entre as mesmas. Sinta a energia delas e, ao fazer isso, levante-se. Dando pequenos passos medidos e ritmados, penetre no círculo e passe entre elas. Não se detenha, mas tente sentir a tensão entre elas como uma coisa tangível através da qual você se move. Fique em pé, por um instante, diante da luz situada no leste e, em seguida, apague a vela.

Som e Silêncio

Ponha uma vela no centro de um círculo de cerca de 1,80 m de diâmetro e uma cadeira na sua borda. Fique agora de pé diante da cadeira e sente-se do modo indicado no exercício 1. Respire como anteriormente. Mantenha-se tão imóvel quanto possa. Agora ouça o silêncio. Ignore todos os ruídos que perturbam o ambiente e concentre-se, de modo relaxado, no silêncio. Recuse-se a admitir qualquer coisa que não seja dessa natureza. Não persista nesse exercício por muito tempo; dê-se apenas a oportunidade de experimentar a sensação do silêncio. A audição é uma parte fundamental do processo de comunicação.

Exercício do Falar

Para isto, será útil um gravador de fita, embora este não seja essencial. Sente-se numa cadeira com uma vela colocada de modo a iluminar o que se vai ler. Pegue um poema ou um bom trecho de prosa. O Velho Testamento será apropriado, mas o Código de Estradas de Rodagem também serviria. Respire, durante certo tempo, segundo o método quaternário, e depois leia. Faça um esforço para obter uma elocução cadenciada, tão bem modulada e rítmica quanto o texto permitir. Procure não deixar a voz baixar no fim de um período ou frase. Controle a respiração. Agora, se tiver um gravador, ouça-o. Você nunca ouviu a sua voz antes, poderá ter um choque – talvez agradável. Observe os seus defeitos e repita o exercício, procurando corrigi-los. Não se esqueça de permanecer imóvel enquanto estiver lendo.

O Altar

Você precisa ter um móvel de cerca de 1 metro de altura com a parte superior plana. Um armário de gavetas seria inteiramente adequado. Esvazie o tampo e ponha sobre ele uma vela afastada uns trinta centímetros da borda. Ponha uma cadeira mais ou menos um metro distante do armário. Acenda a vela e sente-se. Respire durante uns poucos ciclos e imagine que o móvel é um altar tendo sobre si uma candeia sagrada. Veja-o como o centro de todas as coisas no universo e na alma da humanidade. Aproxime-se dele como de um grande coração, uma inteligência enorme, como de um centro de força, ou, de preferência, todas essas coisas ao mesmo tempo. Agora caminhe lentamente na direção dele com essa atitude de espírito e fique diante da luz. Coloque as mãos sobre a superfície do altar, lado a lado, com as palmas para baixo. Baixe a cabeça e fique consciente. Depois de pouco tempo, apague a vela.

A Cruz Cabalística

Este gesto ritualístico foi repetido tantas vezes que corre o risco de ser subestimado. Embora todos os exercícios anteriores tenham sido elaborados para fins de treinamento, este é utilizado de fato no trabalho cerimonial. Nela traça-se uma cruz de braços iguais, tanto física como imaginariamente, no peito. Esotericamente, ela ratifica a lei de Deus ou o espírito em todos os corpos humanos e no universo.

Desenhe o círculo de 1,80 m de diâmetro e coloque uma cadeira na sua borda. Acenda uma vela e ponha-a noutra cadeira do lado oposto do círculo. Sente-se, respire e estabeleça o equilíbrio. Tente se ver como um ente cuja forma física nada mais é do que a extremidade de um ser cuja natureza essencial está eternamente radicada num mundo de poder infinito, de harmonia absoluta e de duração eterna. Sinta-se como um ser capaz de exercer um poder espiritual no mundo material. Em seguida, quando estiver preparado, levante-se e fique de pé com os braços estendidos ao longo do corpo. Mantenha o braço esquerdo do lado do corpo com os dedos unidos. Erga agora o braço direito com os dois primeiros dedos juntos e esticados e os outros dedos dobrados para dentro e presos pelo polegar. Toque a testa, dizendo: "Para Ti." Agora, mova a mão para baixo na direção da linha central do corpo e toque o plexo solar, dizendo: "É o Reino dos Céus." A seguir, toque o ombro direito e diga: "E o Poder" e, depois, o ombro esquerdo, dizendo: "E a Glória". Finalmente, junte as mãos, com os dedos entrelaçados, sobre o peito e diga: "Pelos Séculos dos Séculos. Amém." Faça uma pequena pausa, depois abaixe os braços ao longo do corpo, retroceda até a cadeira e sente-se.

Este gesto é, em si mesmo, um minúsculo ritual e, se for utilizado antes e depois da meditação ou num momento de muita distração ou tensão, pode efetivamente torná-lo impenetrável às influências externas. Contudo, ele não pode, evidentemente, combater as perturbações e outras influências cujas origens estão no seu íntimo. Tampouco deveria ser utilizado para fugir do contato com a realidade física, exceto talvez para um breve descanso. Deve ser praticado até que as palavras e os movimentos sejam suaves e exatos. Quando se consegue isso de maneira correta, é possível acrescentar os aspectos internos do ritual, do seguinte modo:

Antes de fazer o primeiro gesto, imagine um vasto sol incandescente sobre a sua cabeça; pense que é o seu espírito. Quando o seu braço for levado à testa, imagine uma linha de luz intensa descendo do sol para a sua fronte. Com o segundo movimento, faça-a descer até o plexo solar, de onde ela fluirá para a terra. Ao tocar o ombro direito, imagine que uma componente horizontal dessa força existe e penetra no seu ombro vindo do infinito à direita. Faça a linha de força cruzar até o seu ombro esquerdo, usando as palavras adequadas e dali ao infinito à esquerda. Procure ser tão confiante em suas ações físicas e em suas palavras que lhe seja possível estar consciente do aspecto interno, imaginativo do ritual. Pratique-o muitas vezes.

Um Ritual Simples

Para finalizar este capítulo, realizaremos um ritual muito simples, utilizando muitas das técnicas fundamentais detalhadas anteriormente. Trata-se de um ritual de fechamento. Como a cruz cabalística, incluída nele, o ritual prepara um espaço livre para o trabalho; mas, neste caso, a área preparada não se limita à aura de uma só pessoa, mas pode ser tão ampla quanto necessário.

É um costume proveitoso selar o local de meditação noite e dia, ou pelo menos uma vez por dia, usando esta breve cerimônia. Totalmente à parte desta função declarada ou do seu valor como exercício de treinamento, este ritual simples – mesmo que realizado com "apoios" caseiros – pode, sem dúvida, sintonizar os meios e aumentar o estímulo. O sucesso depende em parte da eficácia técnica, mas depende grandemente da clara intenção e de um ímpeto propulsor para *progredir*.

Se um cômodo for habitualmente usado para a meditação, será possível rearrumar os móveis para ter mais espaço. Se não, deve-se fazer o melhor possível com o espaço disponível. Engenhosidade e criatividade são qualidades mágicas valiosas.

Antes que se possa realizar a cerimônia de forma regular, é necessário reunir todos os seus símbolos físicos. Eles são poucos. O mobiliário comum, como as cadeiras, pode ser utilizado e depois retornar às suas funções normais dentro de casa, quando o ritual do dia terminar. Exige-se apenas um símbolo especial, que não deve servir para nenhuma outra finalidade: a candeia ritual. Até este momento, bastou um toco de vela num pires; mas, como este ritual deve ser realizado todos os dias, vale a pena ter um pouco mais de trabalho. Uma lâmpada noturna ou uma vela que arda a noite toda constituem um bom substituto para uma candeia de santuário e, se puder colocá-las dentro de uma câmpanula de vidro colorido ou manga, tanto melhor. A cor deve ser compatível com o simbolismo da cerimônia. O azul poderia simbolizar a água – as "águas do espírito" – ou o Manto da Grande Mãe. Trata-se de uma questão de escolha pessoal. Por enquanto, outras cores deveriam ser evitadas.

Os preparativos para o ritual são muito simples e deveriam ser meticulosamente ensaiados para que possam ser realizados de modo fácil e rápido. Em primeiro lugar, procure dispor da maior área possível de trabalho. Escolha, em seguida, um local e chame-o de leste; tanto melhor será, se ele corresponder ao verdadeiro leste. Depois, em relação ao mobiliário: escolhe-se como trono uma cadeira, que é colocada no leste em face do oeste; de cada lado do trono oriental, estão duas colunas, que podem ser outras duas cadeiras, viradas de lado, de modo que os espaldares fiquem voltados um para o outro. A coluna do lado sul é a branca e a do lado norte é a negra. As duas deveriam estar perto uma da outra, quase tocando o trono para que, pelo menos em imaginação, o oficiante seja ladeado por duas enormes colunas, quando estiver sentado. No meio da linha leste-oeste que cruza a área de trabalho, coloque uma pequena mesa ou, se não houver outro móvel, outra cadeira. Nela será posta a vela acesa. Assinale, por fim, de uma forma qualquer, o sol, o oeste e o norte da sua área de trabalho, de modo que se forme uma cruz de braços iguais, se o leste for ligado ao oeste e o norte ao sul. Antes de começar, a vela deveria ser acesa e colocada ao alcance do trono.

Quando estiver pronto, vá até o ponto oeste, volte-se para o leste e fique em pé com as mãos juntas diante de si. Devote-se a cumprir com êxito o objetivo do ritual – o selamento da área. Faça isto da maneira que lhe pareça adequada. Em seguida, caminhe na direção do ponteiro do relógio até o trono no leste e sente-se. Respire, por um momento, pelo sistema quaternário, adquirindo equilíbrio e concentrando-se na sua própria capacidade inata. Quando estiver pronto, levante-se, pegue a vela acesa, volte-se na direção do trono (leste) e levante a vela apontando para o local do nascimento do sol espiritual. Veja um como o símbolo e mediador do outro. Ainda mantendo a vela suspensa, caminhe no sentido do ponteiro do relógio pelo sul até o oeste, depois na direção da pequena mesa. Vagarosamente e de modo intencional, ponha a vela sobre a mesa, dando assim solene testemunho da lei do logos solar no templo. Retroceda para oeste, depois, no sentido do ponteiro do relógio, para o norte na direção do trono e sente-se. Dê-se conta das colunas de ambos os lados de você e sinta sua energia e importância. Quando estiver pronto, levante-se, volte-se para o leste e faça a cruz cabalística. Depois, com a mão esquerda ao seu lado, dedos esticados e juntos, erga o braço esquerdo reto e aponte os dois primeiros dedos para o leste; os outros dedos devem ficar retidos pelo polegar dobrados na palma da mão. Faça uma pequena pausa, imaginando que é um centro de decisão e força e, em seguida, trace no ar, com a mão, uma cruz de braços iguais. O braço e os dedos devem estar rigorosamente retos e a cruz formada da seguinte maneira: primeiro, a haste vertical de alto a baixo, com uns noventa centímetros de comprimento; depois, a haste horizontal, da esquerda para a direita e com a mesma medida. O seu braço deve então ser trazido de volta da posição reta horizontal para o centro. A cruz deveria ser vista, quando formada, como se fosse de uma luz branca brilhante. Nesse instante, diga lenta e intencionalmente: "Eu selo o Leste." Depois, mantendo o braço na mesma posição esticada, caminhe devagar para o sul e repita a cruz como antes, mas dizendo: "Eu selo o Sul." Ande para o oeste da mesma maneira e repita, dizendo: "Eu selo o Oeste." Ande para o norte, dizendo: "Eu selo o Norte." Finalmente, complete o círculo para o leste, juntando assim uma à outra as quatro cruzes por um círculo da mesma luz intensa. A seguir, abaixe o braço, faça uma breve pausa e aumente a sua percepção do círculo de luz em torno da área e dos quatro grandes selos que você estabeleceu nela. Faça novamente a cruz cabalística e sente-se no trono. Nesse momento, pode fazer qualquer reflexão ou outro trabalho. No fim da sessão, deve-se realizar de novo o ritual de selamento exatamente da mesma forma.

Embora este ritual possa parecer, inicialmente, complexo e demorado ("como encontrarei tempo para meditar depois de tudo isto?"), muito cedo a pequena dose de prática necessária para adquirir perícia redundará numa cerimônia regular, eficaz e rápida de grande valor. Depois do selamento final, no término da meditação ou do período de trabalho, você deve retornar ao leste, elevar brevemente a vela acesa na direção do leste, dando, concreta ou mentalmente, graças pelo bom êxito da cerimônia, apagar a candeia e sair do círculo.

Depois da sessão, os móveis devem ser recolocados na sua posição normal e usados normalmente, mas a candeia deve ser enrolada num pano limpo e guardada em algum lugar longe da luz. Vale a pena observar que um executante experimentado pode criar, mediante este ritual, tensões etéricas. Por esta razão, é recomendável colocar os móveis no mesmo lugar em cada sessão.

É preciso ressaltar que estes exercícios, embora constituindo os fatores básicos do ritual, não contêm em si mesmos, de modo algum, um poder especial. Este depende do oficiante!

Pós-Escrito

Por Quê? Para Onde? De Onde?

Por que você leu este livro? O que existe de essencial em todo ele? Para onde você está caminhando no presente?

O essencial de todo este livro é o aperfeiçoamento de si mesmo, da sua comunidade, nação ou planeta; a execução do plano. E o que é, afinal de contas, o Grande Plano senão a soma total da realização do próprio plano de cada indivíduo? Portanto, seus esforços, lutas e triunfos, tudo isso são partes do todo e sumamente compensador.

O encontro do destino, não só torna uma pessoa realmente mais feliz, mais útil e realizada, como trará consigo um estado de paz; não a estagnação, mas um equilíbrio harmonioso. E, se levado a bom termo, pode trazer a paz, o progresso e a civilização para este planeta, tal como, no nosso estado atual de barbárie, jamais se imaginou. Trata-se, na verdade, de uma meta grandiosa, mas de uma meta real.

No entanto, a estrada que leva do karma ao destino está repleta de armadilhas. A mente concreta é esperta e inventiva na preservação do *status quo*. Nunca se esqueça de que a mente é um excelente servo, mas um senhor perigoso, cuja ajuda pode levar à escravidão. A busca jamais é fácil, mas *é* excitante. Os mundos interiores são, em grande parte, territórios não mapeados e encerram dentro deles prazeres, surpresas, obstáculos e um pavor ocasional. Os seus mentores na viagem serão mais do que adequados, se você simplesmente os reconhecer e utilizar. E a viagem será iluminada pelo resplendor do seu próprio espírito, que é imortal e inextinguível, sejam quais forem os espíritos em que você acredite.

Jesus disse: "Pedi e recebereis; procurai e encontrareis; batei e ser-vos-á aberto." Mas você deve pedir, procurar e bater. Deve também correr os riscos, os riscos interiores da vulnerabilidade, o risco de parecer louco diante dos seus semelhantes, o risco do sofrimento, da perda e da rejeição. Na medida em que o seu karma produziu essas condições, você deve reagir, nem mais nem menos. Mas as recompensas, a felicidade, a paz e o puro prazer da redescoberta são inimagináveis e estão ali para serem colhidos. Portanto, nunca se atemorize.

Examinamos sumariamente o sistema da Cabala e o seu simbolismo e ritual. Espero que tenha sido interessante e proveitoso. Mas o conhecimento só tem valor na medida em que pode ser utilizado para tornar a vida melhor em todos os sentidos.

A Cabala é um sistema sábio e complexo. Mas é também um excelente "fichário" para você utilizar na sua vida quotidiana. Contudo, só é precioso na medida em que pode ser *usado*. A maneira como cada pessoa faz uso do sistema é exclusivo dela. Lembre-se de que os símbolos, rituais e palavras são meras formas exteriores, que você, o ser espiritual essencial, *usa* para aproveitar as suas próprias forças a fim de tornar-se um ser mais perfeito, levar uma vida mais fecunda e contribuir para a herança espiritual deste planeta.

Todas as perguntas sobre este livro serão bem acolhidas e devem ser dirigidas a mim por intermédio do editor.

CABALA

PERLE EPSTEIN

"Este é um livro que explica a Cabala com tanta clareza quanto possível e com verdadeiro amor pelo conhecimento místico. Eu o recomendo a todos os leitores."

– Isaac Bashevis Singer

O misticismo judaico tem florescido – algumas vezes brilhantemente, outras vezes obscuramente – por mais de cinco mil anos. Assim mesmo, hoje em dia seus ensinamentos ainda são pouco compreendidos mesmo entre os judeus. Em *Cabala*, Perle Epstein oferece uma introdução estimulante e acessível a esse mundo intrigante – seus métodos, escolas e práticantes. Ela pesquisa a história da Cabala através da vida de seus santos e discípulos ilustres, e desemaranha a teia de tradições antigas escondidas em textos tais como o *Sefer Yetzirah* e o *Zohar*. As palavras de cabalistas notáveis repercutem por estas páginas – incluindo Simeon bar Yohai, Isaac Luria, Abraham Abulafia e Baal Shem Tov – fornecendo instruções sobre práticas que variam da contemplação dos ensinamentos secretos da Bíblia aos rituais, orações extáticas e meditação intensiva. Por todo o livro, a autora transmite um espírito autenticamente judaico à medida que vai revelando o caminho da iluminação de acordo com a Cabala.

Descendente de Baal Shem Tov, a autora Perle Epstein tem publicado vários livros e numerosos artigos sobre misticismo e outros tópicos. Atualmente ela é Diretora de Publicações do "Diamond Sangha", um centro budista do Havaí.

EDITORA PENSAMENTO

AS ORIGENS DA CABALA

ÉLIPHAS LÉVI

Geralmente se entende por Cabala a sabedoria oculta dos rabinos judeus da Idade Média; esta, porém, é apenas uma de suas ramificações ou a maneira hebraica de interpretar a verdadeira Cabala. Segundo alguns autores, a origem desta ciência remonta aos antigos caldeus, donde a teriam derivado os judeus durante o seu cativeiro em Babilônia, adaptando-a à interpretação esotérica de suas escrituras e das alegorias bíblicas. Todavia, outros autores lhe atribuem uma origem muito mais antiga que a dos próprios caldeus.

Além dessa Cabala teórica, criou-se um ramo prático relacionado com as letras hebraicas, como representações ao mesmo tempo de sons, números e idéias. É particularmente desse ramo que trata o autor desta obra elementar, acrescida de algumas lendas maçônicas, bíblicas e relativas à vida de Shri Krishna, considerado na Índia um *Avatar* Divino. Finaliza-a um apêndice comentando a *Siphira Dzeniuta* ou "O Livro de Ouro", compilado por seus dois tradutores.

EDITORA PENSAMENTO

A CABALA MÍSTICA

Dion Fortune

O homem moderno, como o da Antigüidade, ainda se debate entre um marasmo de incógnitas e apela, com renovado alento, para as mais diversas práticas, a fim de extrair das misteriosas mensagens da natureza e de outros campos de percepção a resposta que ele tanto deseja.

Este livro de Dion Fortune — uma das mais renomadas conhecedoras do moderno ocultismo experimental — atende a esse anseio comum e, ocupando-se com a obra dos modernos cabalistas como contribuição à psicologia da experiência mística, projeta novas luzes sobre a natureza da religião primitiva.

O conhecimento secreto, confinado durante tanto tempo ao juramento dos adeptos, chega agora até nós, porque a filosofia da Cabala é o esoterismo do Ocidente. A pureza, a clareza dos conceitos cabalísticos resumidos na Árvore da Vida — curioso diagrama que constitui a chave da Cabala como sistema de iluminismo — convertem um hieróglifo num símbolo admirável para a meditação e a exaltação da consciência, justificando plenamente o qualificativo que Dion Fortune lhe aplica: a Ioga do Ocidente.

A Cabala Mística é uma obra avançada, prática e dinâmica, que inicia quem a lê numa das mais fascinantes disciplinas de todos os tempos.

EDITORA PENSAMENTO

PARA COMPREENDER A CABALA

A.-D. Grad

"A Cabala contém a chave do problema religioso moderno, porque só ela favorece a aproximação, tão desejada pelos homens de paz, entre as três grandes religiões monoteístas: o judaísmo, o cristianismo e o islamismo. Foi a Cabala que uniu o hebraísmo e o cristianismo. Foi também a Cabala que uniu o hebraísmo ao islamismo. Distinguindo claramente entre monoteísmo universalista e monoteísmo mosaico, a Cabala tem condições de ser o instrumento ideal para a união entre Israel, a Cristandade e o Islã."

Não houvesse outros motivos para a leitura deste livro, só a afirmação acima, que acena com a possibilidade de um entendimento maior entre algumas das mais importantes correntes religiosas do mundo moderno e, conseqüentemente, de paz entre povos que hoje invocam suas crenças religiosas para legitimar suas incursões belicistas, justificaria uma aproximação atenta e cuidadosa desta obra, um dos estudos mais sérios e interessantes já publicados sobre o assunto.

Seu autor, cabalista de renome internacional que recebeu a iluminação cabalística sobre o túmulo do rabi Shimeon bar Yo'hai, foi professor de Filosofia na Universidade do Chile, além de organizador de seminários sobre Cabala nas universidades canadenses de Montreal e de Quebec, na Universidade de Queensland, em Brisbane, e na Universidade de New South Wales, em Sidney, Austrália.

EDITORA PENSAMENTO